DIOS SANA HOY

DIOS SANA HOY

JAMES L. GARLOW

y CAROL JANE GARLOW

Vida®

La misión de Editorial Vida es ser la compañía líder en comunicación cristiana que satisfaga las necesidades de las personas, con recursos cuyo contenido glorifique a Jesucristo y promueva principios bíblicos.

DIOS SANA HOY
Edición en español publicada por
Editorial Vida – 2009
Miami, Florida

Traducción: *Alicia Guerci*
Edición: *Wendy Bello*
Diseño Interior: *Cathy Spee*
Diseño de cubierta: *Leo Pecina*

ISBN: 978-0-8297-5537-4

CATEGORÍA: Vida cristiana/Crecimiento espiritual

IMPRESO EN ESTADOS UNIDOS DE AMÉRICA
PRINTED IN THE UNITED STATES OF AMERICA

09 10 11 12 13 ___❖___ 6 5 4 3 2 1

DEDICADO A

John Wimber
1934-1997

Quien, entre muchas otras cosas, participó en sanidades y enseñó sobre la sanidad, y cuya influencia se refleja en gran parte de este libro.

También está dedicado, con amor, a cuatro grupos de personas:

A todos aquellos que lucharon con enfermedades y fueron sanados; nos regocijamos con ustedes.

A todos aquellos que luchan con enfermedades y aún no han sido sanados; seguimos orando por ustedes.

A todos aquellos por quienes oramos permanentemente y que, aun así, no fueron sanados hasta que entraron en el cielo; no los olvidaremos.

A todos aquellos seres queridos afligidos que quedaron en este mundo; lloramos con ustedes.

«He escuchado tu oración y he visto tus lágrimas.
Voy a sanarte».
2 Reyes 20:5

CONTENIDO

PRÓLOGO

Este libro te invita a orar, esperar y experimentar el don de la sanidad divina. Es comprensible que muchas personas no crean que Dios continúe sanando a la gente de manera milagrosa en esta época. A pesar de haber orado fielmente, muchos se frustran ante la ausencia de resultados y llegan a la conclusión de que Dios no puede sanar a quienes le piden que los sane o no está dispuesto a hacerlo. Es verdad que muchos aspectos de la sanidad divina siguen siendo un misterio y que, por razones que tal vez nunca comprendamos, algunas personas nunca se curan.

Sin embargo, Dios sana hoy.

Nosotros hemos visto pruebas de su poder sanador en nuestro medio y también lo hemos experimentado en carne propia. Sabemos que muchos lectores de este libro han padecido enfermedades y dolores por muchos años. Dado que nosotros mismos atravesamos afecciones graves, sentimos una gran compasión hacia los que sufren. Deseamos que las palabras de este libro brinden ánimo (no condenación) a quienes están afligidos. El propósito es simplemente invitar a la iglesia a orar con expectación pidiendo que los enfermos se sanen. Con humildad, invitamos a todos a buscar el poder sanador de Dios.

Creemos profundamente en el poder sanador de la oración. No hay manera de orar más eficaz que empleando las palabras de las Escrituras. El Anexo A contiene varias oraciones con base bíblica. Utilízalas como guía para comenzar a orar acorde a la Escritura. Con el tiempo, empezarás a elaborar tus propias oraciones bíblicas o simplemente a emplear el texto de la Escritura como tu libro de oración.

Cada capítulo de este libro comienza con una historia. Todas son ficticias, aunque algunas están basadas en la vida real. Dos de ellas se refieren a nosotros, y el texto lo indica. En todos los otros casos, los personajes y los hechos son ficticios.

A lo largo de los años, muchas personas han influido en mi manera de pensar sobre el tema de la sanidad divina. La más importante fue John Wimber.

A principios de 1983, mi amigo John Patredis me dio un ejemplar de la revista *Christian Life* [Vida Cristiana] que mencionaba un artículo extraño en la portada titulado simplemente «MC510». Esa sigla correspondía al nombre de un curso del Seminario Teológico Fuller denominado «Signs, Wonders, and Church Growth» [«Señales, milagros y crecimiento de la iglesia»]. John Wimber enseñaba gran parte del curso, bajo la supervisión del Dr. C. Peter Wagner.

La historia de la portada hablaba de Wimber, un pastor del sur de California que enseñaba sobre la sanidad y la oración por los enfermos en el lugar menos esperado, un seminario. Con los años, había oído a muchas personas decir que habían sido sanadas, pero sin pruebas que lo respaldaran. Aunque aceptaba la idea de la sanidad como un concepto verdaderamente bíblico, no sabía tanto como para poner en práctica la oración por los enfermos. Anhelaba ver en acción el poder sanador de Dios en nuestros días como había ocurrido en el pasado. Eso era exactamente lo que describía el artículo «MC510». Según el informe, la gente realmente se curaba, y la medicina lo confirmaba por completo.

Con ansias de experimentar la presencia y el poder de Dios, decidí viajar desde Dallas-Ft. Worth, donde vivía en ese entonces, hasta Anaheim, California, para asistir a un curso acelerado de una semana sobre el tema. Este sería el comienzo de un cambio importante en mi vida. Me volví, como suelo decir, «Wimberizado».

Ya pasaron dos décadas desde aquel momento. El paso del tiempo me ha permitido madurar en mi manera de pensar, y esto es una gran ventaja. Lo malo ha sido que, a lo largo de los años, se extraviaron notas y grabaciones importantes que tenía con las enseñanzas de John Wimber. Por lo tanto, no puedo documentar de manera apropiada una serie de ideas que, con toda seguridad, nacieron de él. En este momento, me resulta difícil decir dónde termina el maestro (John Wimber) y dónde comienza el alumno (Jim Garlow). Él moldeó mis conceptos sobre la sanidad divina, pero lamento no poder determinar con precisión sus ideas originales. Por esta razón, le dedico este libro a él. Sus conceptos quedaron tan grabados en mi mente que, aun más allá de lo que yo mismo percibo, están incluidos en estas páginas. Si algunas de las enseñanzas que aparecen suenan como conceptos que John Wimber haya expresado, es probable que así sea. Sin la influencia que él ejerció en mi vida, este libro nunca habría existido. Gran parte de mis ideas sobre la sanidad proceden de este gran hombre de Dios. Reconozco con gratitud el impacto que John Wimber produjo en mí y, humildemente, le dedico este libro.

Aunque yo escribí la mayor parte del libro, Carol Garlow, mi coautora, esposa, confidente y colaboradora en el ministerio, sabe más sobre la sanidad de lo que yo pueda llegar a saber. Mientras que yo obtengo algún «fruto» de sanidad como resultado de mis breves oraciones por la gente en las reuniones de la iglesia los fines de semana en Skyline Wesleyan Church, Carol ruega durante horas enteras todas las semanas en poderosos servicios de sanidad. Las contribuciones fundamentales que le brindó a este libro son el capítulo sobre el vínculo entre la adoración y la sanidad, y las oraciones con base bíblica incluidas en el Anexo. He aprendido mucho de su insistencia en utilizar la Palabra al orar, y aun más de su sólida e inamovible confianza en Dios.

Los intercesores que forman parte del equipo de Carol son guerreros de oración excepcionalmente dotados, perseverantes y con un gran discernimiento. Su fidelidad silenciosa y secreta ha bendecido a muchos los miércoles por la noche en las clases sobre sanidad, los fines de semana en los encuentros de oración por los enfermos, y en otras ocasiones y lugares que tal vez nunca sepamos. La disposición que exhibieron en el pasado para realizar permanentemente «visitas de sanidad a hogares» y establecer una red de cuidado espiritual en un hospital local los convierte en personas incomparables.

Hay dos poderosos guerreros de oración que influyeron profundamente mi vida en el sendero de la sanidad: Judy Garlow

Wade, mi hermana, y su esposo, Keat Wade. Ellos se han convertido en líderes de oración en nuestra ciudad, en todo el estado y a lo largo del país. El libro de Judy, *Take the Name of Jesus With You*, es una descripción de lo que significa contagiarse del poder del Señor para aplicarlo a las situaciones más difíciles. La fe en Dios de Keat y Judy me impacta; el discernimiento que muestran en cuanto a él me inspira.

A lo largo del camino, muchas personas más impactaron mi vida en relación con este tema.

El ya desaparecido Merlin Budy, un granjero de Alva, Oklahoma, me persuadió para que aumentara mis expectativas en cuanto a las obras milagrosas.

En 1983, una charla de Charles Capps, un granjero algodonero de England, Arkansas, me hizo recurrir inmediatamente a las Escrituras para estudiar sobre la fe y la sanidad.

Un seminario de tres días titulado *In the Word* [En la Palabra], dado por el ya fallecido Milton Green, un limpiador de alfombras de Cleveland, Tennessee, me indujo a comprender el poder de la Palabra de Dios.

Un libro de Don Basham titulado *Deliver Us from Evil* fue lo que inicialmente me hizo entender el concepto de la liberación.

Un libro de Francis McNutt llamado *Healing* me ayudó a vencer el miedo a orar por los enfermos.

La experiencia del evangelista James Robinson con Jesús me impactó y aumentó mi pasión por Cristo.

Cada una de estas cosas, además de muchas otras, moldeó mi forma de pensar sobre la sanidad y la práctica de orar por los enfermos. Ten la seguridad de que los conceptos que obtuve de todas ellas están esparcidos a lo largo de estas páginas.

Dos congregaciones me ayudaron y alentaron mucho en el camino que recorrí hacia la sanidad.

La gente de Metroplex Chapel (Iglesia Nazarena), una congreg ación que se reúne en el centro de Dallas-Ft. Worth, y que tuve el gozo de fundar en 1983 y luego pastorear durante trece años, fue lo suficientemente valiente como para convertirse en un «laboratorio» experimental durante mis primeros y bastante torpes intentos de orar por los enfermos. Gracias, Metroplex Chapel.

Skyline Wesleyan Church, una congregación en los suburbios

de San Diego donde sirvo desde 1995, continúa recibiendo mis enseñanzas sobre la sanidad. Uno de mis mayores gozos ha sido ser testigo de la sanidad que, como resultado de una oración breve y sencilla, experimenta algún enfermo al marcharse luego de las reuniones de los fines de semana. Estos momentos de oración han sido de los más gozosos que he vivido, debido a la expectación producida por la fe en Dios y el privilegio de ser un pastor «práctico». Oro con gran expectación por la sanidad (y veo los resultados más grandiosos) en un entorno bastante sencillo: la entrada de la iglesia. Me encanta estar con ustedes, la familia de la iglesia *Skyline*.

Entre 1983 y 1987, me «enamoré» perdidamente de Jesús, y no me recuperé nunca. Durante ese período, Dios no me permitió leer ningún libro de mi enorme biblioteca. Leía únicamente la Biblia. El ayuno de los jueves me permitía descubrir innumerables verdades bíblicas que nunca antes había visto. Crecí espiritualmente a un ritmo que jamás había experimentado, y que desde entonces no se ha igualado. Ese período de cuatro años colocó las bases para comprender muchos temas espirituales, incluso la sanidad. Aunque he disfrutado de un andar inmensamente gozoso con Dios desde los nueve años y sigo entusiasmado en extremo por mi relación personal con Cristo, el período comprendido entre 1983 y 1987 siempre seguirá siendo una «era sagrada» en mi sendero. Gran parte de lo que hay en este libro procede de la enseñanza del Espíritu Santo durante esos años de aprendizaje y crecimiento en mi vida.

JIM GARLOW

San Diego
Junio de 2005

PRIMERA PARTE

MI TRAVESÍA HACIA LA SANIDAD DIVINA

UNO

¿POR QUÉ SE HABLA TANTO DE LA SANIDAD?

Tu Padre celestial te ama y quiere que te sanes y goces de buena salud.

—Jim, habla mamá. Llevaron a papá al hospital... Me parece que no es nada bueno.

Las reuniones del domingo por la mañana acababan de terminar, y dos miembros de la congregación, al percibir la urgencia de la situación, llevaron al pastor Jim al Hospital Grossmont. Durante el camino, el pastor que había orado tantas veces por la sanidad se quedó sin palabras.

—Es mi papá —,pensaba él.— ¿por qué no tengo la fe suficiente como para creer que se va a curar?

La escena en la unidad de terapia intensiva parecía una película. Los monitores titilaban y sonaban por todo el cuarto. El padre del pastor Jim yacía en una cama, pálido y con tubos y cables por todas partes que parecían pegados a su cuerpo. Jim se acercó lentamente, desconcertado por el cuadro.

—Jim, cuánto me alegro de que estés acá —dijo la madre.

—Mamá, ¿cómo está papá?

—No está bien, hijo. Hay que orar.

Jim colocó la mano en el hombro de su padre. Las lágrimas le caían por el rostro mientras balbuceaba una breve oración.

—Oh, Dios, ayuda a papá. Sánalo.

El indicador de la presión sanguínea bajó de repente. Jim llamó a la enfermera y le indicó desesperado el número al que había bajado. Ella lo miró preocupada y dijo:

—Tengo que pedirles que esperen afuera.

El pastor Jim y su madre se fueron a la sala de espera, confundidos y derrotados. Pocas horas después recibieron la noticia.

—Lo siento. Falleció.

No entiendo completamente la sanidad divina. La he estudiado, he aprendido mucho del tema, incluso la he experimentado; sin embargo, no sé todo lo que hay que saber sobre el poder sanador de Dios. Así que este libro no tiene el propósito de responder todos los interrogantes que puedan surgir sobre el tema ni de convencer a todos los escépticos del mundo de que Dios sana hoy. El objetivo es transmitir lo que sí sé sobre la sanidad e invitar a la iglesia a orar más y con mayor eficacia por ella. Dios sigue sanando, y cuando su pueblo crea y clame con fe, él desplegará su poder sanador. Yo describo este poder sanador de Dios como una corriente que fluye del cielo, y me gustaría ver más personas alcanzadas por esta corriente y curadas.

EL RÍO DE LA SANIDAD

Crecí en un hogar cristiano. Mis padres leían la Biblia todos los días y solían comentar sobre pasajes bíblicos consoladores. Cada vez que mi papá veía personas angustiadas o dolidas, las llevaba al Salmo 46. Yo he hecho lo mismo en mi ministerio, ya que leo los primeros versículos de este pasaje en casi todo lecho de muerte al que me acerco y en cada funeral. Dice lo siguiente:

> Dios es nuestro amparo y nuestra fortaleza,
> nuestra ayuda segura en momentos de angustia.

> Por eso, no temeremos aunque se desmorone la tierra
> y las montañas se hundan en el fondo del mar;
> aunque rujan y se encrespen sus aguas,
> y ante su furia retiemblen los montes.

En la literatura hebrea, el río es un símbolo de la vida. El Salmo 46 continúa diciendo:

> Hay un río cuyas corrientes alegran la ciudad de Dios,
> la santa habitación del Altísimo.
> Dios está en ella, la ciudad no caerá.

He aquí la verdad sobre la sanidad: Dios es un Padre celestial amoroso y quiere sanar a sus hijos. El fundamento de esta enseñanza es creer firmemente que Dios anhela con todo fervor darles cosas buenas a sus hijos. Por esta razón, en definitiva, creemos que Dios todavía sigue sanando: él es un Dios de amor y desea bendecirnos dándonos vida. Por lo tanto, este libro es un incentivo para orar. Es verdad, incluye respuestas para las preguntas lógicas que formulamos sobre la sanidad, pero más allá de eso, nos insta a aferrarnos a lo que el Padre dice en su Palabra y a invocarlo cuando lo necesitamos.

> No entiendo completamente la sanidad divina, pero sí sé que Dios continúa sanando.

NO HAY CONDENACIÓN

Parece irónico, pero cuando más necesitamos el poder sanador de Dios, tal vez es cuando más difícil nos resulta pedirlo. En el momento preciso en que es más necesario aplicar la autoridad que tenemos en Jesucristo, más complicado se hace; es decir, cuando el enemigo nos acosa, cuando estamos sufriendo o nos encontramos enfermos. Quizá nos resulte difícil orar por nuestros familiares, y aun más rogar por nosotros mismos. No obstante, en ese preciso instante es cuando más necesidad tenemos de clamar al Padre, depender de su misericordia y pedirle las cosas buenas que anhela darnos.

Tal vez algunas personas experimenten cierta ansiedad o una falsa culpabilidad en cuanto al tema de la sanidad. Quizá piensen: «Si hubiese sabido más, fulano de tal se habría sanado» o «Si hubiera hechos mejor las cosas, mengano no habría muerto». Quiero tranquilizarte con respecto a esto. El tema de la sanidad nunca será motivo de condenación. Romanos 8:1 dice: «Por lo tanto, ya no hay ninguna condenación para los que están unidos a Cristo Jesús». Así que, si crees en Jesucristo, no eres condenado ni inculpado. Lo que haremos será examinar las Escrituras y descubrir cómo podemos aprovechar el poder sanador que Dios desea desplegar y cómo orar con eficacia por la sanidad de otras personas.

La historia al principio del capítulo se refiere a mí. Hace varios años, un domingo por la tarde, me llamaron para que fuera al hospital. Habían internado a mi padre, y luego me enteré de que le quedaba poco tiempo de vida. Al entrar, el cuadro que vi me apabulló. Papá estaba en la unidad de terapia intensiva, y la habitación estaba repleta de tubos, monitores, cables y equipos médicos. Los integrantes del personal médico iban de un lado a otro para brindarle asistencia. La situación era sumamente estresante y el lugar no se prestaba en absoluto para orar y pedir que se sanara. Hice una oración; sin embargo, esa experiencia me hizo sentir tremendamente derrotado. Mi papá falleció a las cinco de la tarde de ese mismo día.

> Nadie debe sentirse culpable de estar enfermo ni de orar por la sanidad. Esta doctrina no es motivo de condenación.

Después de lo sucedido, tenía dos opciones. La primera era culparme por no haber orado con más eficacia por su sanidad y decir: «Si hubiese ejercido la autoridad que tengo, hoy mi papá estaría vivo». La otra opción, cosa que sí hice, era sentir el apoyo de mi Padre celestial y decir en mi interior: «Me esforzaré al máximo para seguir orando por la sanidad y averiguar qué se requiere para ser más eficaz en este ministerio».

Mientras escribía este libro, Carol y yo oramos por muchas personas, y nos alentó ver que se sanaron. Al mismo tiempo, hemos experimentado la decepción de orar por algunos enfermos y observar que su estado continúa deteriorándose. De hecho, un amigo que trabajó con nosotros en la elaboración de este manuscrito lleva treinta años padeciendo de una grave afección crónica. Aun así, seguimos orando por los enfermos. ¿Por qué? Porque Dios dijo que lo hiciéramos.

Él ansía desplegar su poder sanador sobre sus hijos y quiere que gocemos de buena salud. A medida que creamos en su Palabra, reconozcamos que aún hoy sigue sanando y comencemos a orar por sanidad, nos introduciremos en la corriente de su poder y experimentaremos mayor bienestar y buena salud. El propósito de este libro es motivar a la iglesia a creer que Dios sana y a orar de manera constante y eficaz por la sanidad.

Cuando esto suceda, los sordos oirán, los cojos caminarán y la voluntad de Dios será hecha en la tierra, así como en el cielo.

OREMOS

Padre:

Admito que este tema me incomoda. Creo que puedes hacer grandes milagros, pero me resulta difícil aceptar la idea de que me vas a sanar. Me siento frustrado por mi incapacidad para orar y por la ausencia de resultados cuando lo hice. Señor, ahora acudo a ti con fe. Creo que me amas y te pido que me guíes a la verdad.

Gracias, Padre.

Amén.

A fin de obtener más preguntas de debate para grupos pequeños sobre este capítulo y otros recursos relacionados con la sanidad, visita www.wesleyan.org/gsh.

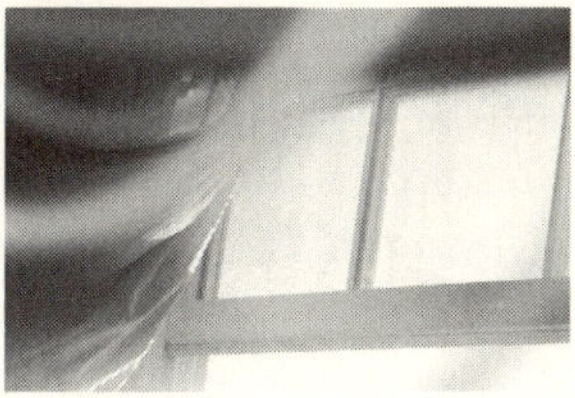

DOS

¿HAY QUE HABLAR DE ESTE TEMA?

A Dios le importa la sanidad, por lo tanto, a nosotros también nos debe importar.

—¡Otra vez lo mismo! —balbuceó Carlos cuando el pastor anunció el tema del mensaje—. Otro discurso inspirado de «vamos-vamos» Galeano.

Julia, la esposa de Carlos, lo hizo callar dándole un codazo no muy delicado en las costillas.

El pastor Galeano iba por la mitad de una serie de seis mensajes titulada «Cómo experimentar el poder de Dios». El de la semana pasada fue «Liberación: El poder para triunfar». Al principio, a Carlos le interesó porque estaba tratando de dejar de fumar. Un poco de ayuda divina no le vendría mal. Sin embargo, el interés se le acabó cuando el pastor habló de ser llenos del Espíritu Santo. «Me parece una locura», dijo Carlos más tarde.

El tema de esta semana era la sanidad divina. Carlos escuchaba y, a medida que el pastor relataba milagros que se mencionan en la Biblia y declaraba que Dios todavía sana ala gente de manera sobrenatural, cada vez le gustaba menos. En su mente se representaban las imágenes de ciertos predicadores de televisión que le dicen a la gente que coloque la mano sobre el televisor y haga una oración a «Jesuuuuús». Así que, cerró lo ojos y se concentró en su swing de golf.

Mientras regresaban a la casa, Julia le preguntó:

—¿Qué te pareció el mensaje?

—Prefiero ni hablar de eso —. dijo Carlos.— ¿Dónde quieres ir a comer?

Para algunos, el tema de la sanidad divina es controversial; los incomoda. Resulta difícil hablar de esto porque, el simple hecho de discutirlo, genera emociones tan intensas que pueden llegar a ponerle punto final a una conversación. Para aquellos que nunca consideraron la posibilidad de que Dios sane a las personas de manera milagrosa, la sanidad divina puede parecerles algo extraño o improbable. Para quienes han orado por sanidad sin ver resultados, el tema puede ser frustrante e incluso doloroso. Quizá tú mismo sientas cierta tensión en este momento. Tal vez hayas estado un poco incómodo al leer las primeras páginas de este libro y no sepas por qué. Es probable que te preguntes lo siguiente:

· Entonces, ¿por qué hablamos de esto?

· ¿Acaso no basta con creer simplemente en Cristo?

· ¿No podemos dejar de lado este tema complicado?

Estas son preguntas válidas. ¿Qué necesidad hay de despertar en nuestro interior emociones angustiosas y controversias en el cuerpo de Cristo al tratar un tema que, aparentemente, genera más interrogantes que respuestas?

LA IMPORTANCIA DE LA SANIDAD

¿Cómo sabemos que la sanidad es un tema importante? A continuación se mencionan cinco razones para hablar de este tema, aun cuando resulte incómodo hacerlo.

LA BIBLIA HABLA DE ESTO

La Biblia es la Palabra de Dios para nosotros; por lo tanto, cualquier tema que mencione debe captar nuestra atención. Las Escrituras hablan con mucha frecuencia de la sanidad. Extensas porciones del Nuevo Testamento tratan sobre este tema. De hecho, las secciones más importantes de Mateo, Marcos y Lucas están dedicadas a este asunto. Por lo general, a estos libros se los denomina Evangelios sinópticos porque brindan una sinopsis de la vida y el ministerio de Jesús. Esto significa que tres de las personas que observaron e investigaron cuidadosamente el tema de la sanidad lo consideran uno de los aspectos más sobresalientes del ministerio del Señor. Si la sanidad les importaba tanto a las personas cercanas a Jesús, nosotros deberíamos considerarla seriamente.

AL PADRE LE IMPORTA ESTE TEMA

Esta es otra pauta sobre la importancia de la sanidad: al Padre le interesa. Dios inventó la sanidad. Fue él quien determinó que los cuerpos enfermos y afectados debían recuperar la salud. El Padre quiere que sus hijos estén sanos. Si a él le importa, a nosotros también debería importarnos.

A JESÚS LE INTERESA EL TEMA

La tercera razón para tomar en serio la sanidad es que a Jesús le interesa. Observemos este incidente en la vida del Señor que está registrado en Mateo 9:35–10:1.

> Jesús recorría todos los pueblos y aldeas enseñando en las sinagogas, anunciando las buenas nuevas del reino, y sanando toda enfermedad y toda dolencia. Al ver a las multitudes, tuvo compasión de ellas, porque estaban agobiadas y desamparadas, como ovejas sin pastor. "La cosecha es abundante, pero son pocos los obreros —les dijo a sus discípulos—. Pídanle, por tanto, al Señor de la cosecha que envíe obreros a su campo".

> Reunió a sus doce discípulos y les dio autoridad para expulsar a los espíritus malignos y sanar toda enfermedad y toda dolencia.

Tal vez hayas escuchado estas palabras antes. De ser así, casi con seguridad oíste que se aplicaban al tema de la obra misionera mundial. La frase «envíe obreros a su campo» se vincula de manera tan universal con la evangelización que automáticamente, nos hace pensar en enviar misioneros a otros países. Sin embargo, estos versículos no se refieren a eso. El llamado a evangelizar al mundo es de suma importancia, pero no es la idea de este pasaje. Observa lo que Jesús estaba haciendo justo antes de expresarles estas palabras a sus discípulos: enseñaba en las sinagogas, anunciaba las buenas nuevas del reino y *sanaba toda enfermedad y toda dolencia.* Es como si el Señor estuviera diciendo: «Hay una tremenda cantidad de personas enfermas por todos lados, y estoy yo solo. Tengo que invitar a otros a unirse a mí para multiplicar la tarea que estoy haciendo». Entonces, llamó a los doce y les dio autoridad para que fueran y expulsaran demonios y sanaran a los enfermos. El ministerio de sanidad era sumamente importante para Jesús.

> El tema de la sanidad divina puede ser controversial; sin embargo, Jesús no tuvo temor de hablar de eso.

Hay un par de términos en este pasaje que debemos considerar. En primer lugar, observa que cuando Jesús vio a las multitudes, tuvo *compasión* de ellas porque estaban agobiadas. Una persona compasiva siempre se conmueve cuando hay gente enferma. El Señor se sintió así, y nosotros también debemos hacerlo. La segunda palabra es *agobiadas*. En el idioma original este es un término que alude a una lucha; es como si la persona estuviera de espaldas contra la lona y el árbitro contara los segundos antes de la derrota. Además, como sucede con las ovejas que no tienen pastor, estaban completamente desamparadas. Sencillamente, no había suficiente gente para ayudarlas. Luego aparece el término *envíe*. En el griego, esta palabra es en extremo enérgica, casi violenta. Jesús, literalmente, les ordenaba a sus discípulos que oraran para que el Espíritu Santo lanzara obreros al campo. La necesidad es grande, pero los obreros son pocos, y el Señor tenía sumo interés en que sus seguidores trabajaran activamente para suplir esa necesidad. ¿Lo estamos haciendo? ¿Lo estás haciendo?

Un segundo pasaje bíblico, Lucas 9:37-43, vuelve a hablar del interés de Jesús en la sanidad. Allí vemos que los discípulos estaban tratando de expulsar a un demonio que acosaba a un joven. Este pasaje declara de manera específica que el muchacho necesitaba ser exorcizado *y* sanado físicamente (ver v. 42). Sin embargo, los discípulos de Jesús no pudieron hacerlo. Cuando el Señor escuchó esto, dijo: «¡Ah, generación incrédula y perversa! … ¿Hasta cuándo tendré que estar con ustedes y soportarlos? Trae acá a tu hijo». Entonces Jesús lo sanó.

Cuando él dijo «generación incrédula y perversa», ¡se refería a sus seguidores! Estas eran palabras sumamente enérgicas, y el Señor se las dijo a sus discípulos. Es como si hubiera dicho: «¡Vamos, muchachos, muévanse! Miren cómo lo hago, y después hagan lo mismo». Jesús se conmovió ante la necesidad del joven de sanarse. Se puede percibir lo exasperado que estaba de que sus discípulos no pudieran suplir esa necesidad. Es evidente que deseaba que sus seguidores entendieran cómo debían orar para que la gente se sanara. A Jesús le interesa la sanidad.

NOSOTROS NECESITAMOS SANIDAD

A Dios le importa la sanidad, y la Biblia lo menciona con frecuencia. No obstante, la mayoría de nosotros no necesita escuchar una lección de historia para darse cuenta de que el tema de la sanidad es importante. Sabemos de su importancia porque reconocemos que necesitamos ser curados. Es bastante fácil ignorar el tema cuando uno anda bien, pero cuando uno mismo o un ser querido entra en el consultorio de un médico y escucha la palabra *cáncer*, el tema de la sanidad de inmediato se torna interesante. En ese instante, todos nosotros querríamos estar rodeados de personas de fe que supieran cómo orar por los enfermos.

Aunque tú no padezcas una enfermedad, es indudable que sentirás compasión frente a las necesidades de otras personas. Todo aquel que se interese profundamente en los demás, como sucedía con Jesús, se preocupará del bienestar de ellos. Hace un tiempo le pedí al líder del área de cuidado pastoral de nuestra congregación que preparara un informe diario de las necesidades de sanidad en la iglesia. Quedé pasmado ante la cantidad de pedidos de oración por los enfermos, y los problemas que se mencionaban eran graves. En una ocasión, el informe de un solo día incluía personas que padecían de ataques cerebrales, reemplazos de rodilla, ataques cardíacos, transplantes de pulmón, tumores cerebrales, cirugía de próstata, de vesícula, de rodilla, problemas de páncreas, bypass coronario, ingresos prolongados, cáncer, artritis degenerativa, cirugía bucal, cirugía del esófago, sinusitis, insomnio, cirugía de la columna vertebral, hemorragias internas, neumonía, cáncer de ovario y enfermedad renal. Ese era el informe de *un día* de la congregación. La necesidad es verdaderamente asombrosa. Estamos rodeados de personas que padecen toda clase de problemas de salud. Algunas están cerca de nosotros: nuestros seres queridos. Quizá tú mismo estés padeciendo una enfermedad dolorosa o con riesgo de muerte. ¿Por qué hay que hablar de la sanidad? Porque necesitamos ser sanados. La sanidad nos interesa a todos porque todos padecemos enfermedades.

LA SANIDAD FORMA PARTE DE LA GRAN BATALLA

La sanidad puede ser un tema muy personal. Cuando nosotros somos los que necesitamos sanarnos, tenemos la mente concentrada casi por completo en eso. Sin embargo, la sanidad divina tiene implicaciones que van más allá de ti, de mí y de nuestros cuerpos, ya que forma parte de la gran batalla entre Jesús y Satanás.

Muchos de los términos que se emplean en el Nuevo Testamento, en especial en Mateo, Marcos y Lucas, tienen un dejo particularmente militar. La Biblia describe una lucha cósmica entre el bien y el mal. Uno va a ganar y el otro va a perder. John Wimber enseñaba que, en este momento, esta batalla se desarrolla en cinco frentes diferentes:

· La evangelización: la batalla por el corazón humano.

· La sanidad: la batalla por el cuerpo humano.

· La liberación: la batalla por las emociones humanas. En un sentido, este frente también incluye el cuerpo, porque sus consecuencias se reflejan en nuestro accionar.

· La naturaleza: la batalla por el mundo físico, de lo cual vemos algunas pautas, como la acción de Jesús al calmar las aguas del Mar de Galilea.

· La muerte: la batalla por nuestro destino final, que fue ganada por Jesús mediante la resurrección.

Estos son los cinco campos donde se desarrolla la competencia entre Jesús y Satanás, ¡y nosotros participamos de la disputa! Jesús luchó contra el poder de las tinieblas al sanar a aquellos que padecían enfermedades, y nosotros debemos hacer lo mismo. Una lectura de Lucas y Hechos lo deja bien en claro. Estos libros del Nuevo Testamento son, en realidad, dos partes de un solo relato, escrito por el mismo autor. Cuando lees el libro de Lucas, observas el ministerio de sanidad de Jesús. Dondequiera que iba, expulsaba demonios, anunciaba las buenas nuevas y sanaba a los enfermos. Luego Jesús ascendió al cielo y comisionó a los discípulos para que continuaran el trabajo que él había iniciado. ¿Y qué hicieron ellos? El libro de Hechos registra el ministerio que desarrollaron. Dondequiera que iban, siguieron cumpliendo el mismo ministerio de la predicación y la sanidad; ellos llevaron a cabo un servicio de evangelización, sanidad y liberación.

Ahora depende de nosotros. La labor de la iglesia es continuar con el ministerio de Jesús. Todo lo que él hizo, nosotros debemos hacerlo. ¿Qué hizo Jesús? Expulsó demonios, anunció las buenas nuevas y *sanó a los enfermos*. La iglesia actual dedica mucha energía a la evangelización, y está bien que sea así. Me alegra que muchas iglesias en todo el país estén creciendo. Estamos convirtiendo a la gente.

Sin embargo, ¿estamos sanando a los enfermos? ¿Hemos descuidado una parte importante de la misión del Maestro? ¿Nos ocupamos tanto de redimir el cuerpo como el alma? En este momento se está desarrollando una batalla cósmica, y esta batalla incluye el mundo físico. Nuestro Señor la ganó al triunfar sobre el enemigo en la tumba vacía. Nosotros podemos participar de esa victoria al desplegar su poder sanador sobre aquellos que lo necesitan.

LA META

Es importante que asumamos con seriedad el tema de la sanidad. Debemos hablar de ello y entender lo que la Escritura dice al respecto. No obstante, nuestra meta no es entender en qué consiste la sanidad. Sí queremos saber lo que dice la Biblia, pero en definitiva, el conocimiento no es lo único que importa. En realidad, lo esencial es que el poder sanador divino se despliegue en nuestras vidas y tenga como resultado la recuperación física de otras personas. Mi meta al escribir este libro (y espero que sea la tuya después de leerlo) es orar de manera más eficaz para que la gente se sane. Deseamos ver el poder de Dios en acción; por lo tanto, nos disponemos a despertarnos al hablar de un tema que en el ámbito de las iglesias ha sido difamado y malinterpretado.

> Jesús se conmovió profundamente ante la situación angustiosa de los enfermos y nos invitó a tener esa misma compasión. Si él oró por los enfermos, ¿no debemos hacerlo nosotros también?

Por esa razón, es hora de que conversemos del tema, es hora de hablar de la sanidad, entenderla y, por sobre todo, orar por ella. La necesidad es mucha, pero los obreros son pocos. ¿Te unirás a mí en esta tarea vital de Jesús: el ministerio de la sanidad divina?

OREMOS

Padre:

Te pido que despiertes el interés en tu iglesia por los que sufren; que tengamos la misma compasión hacia los demás que vemos en nuestro Señor Jesucristo. A través de tu Espíritu Santo, te pido que me hables ahora, me guíes para ver el sufrimiento de otros e interesarme profundamente en ellos. Padre, vuelve a inundarme de tu amor y dame disposición para amar a los demás como tú me amas a mí.

Te lo pido en el nombre de Jesús.

Amén.

A fin de obtener más preguntas de debate para grupos pequeños sobre este capítulo y otros recursos relacionados con la sanidad, visita www.wesleyan.org/gsh.

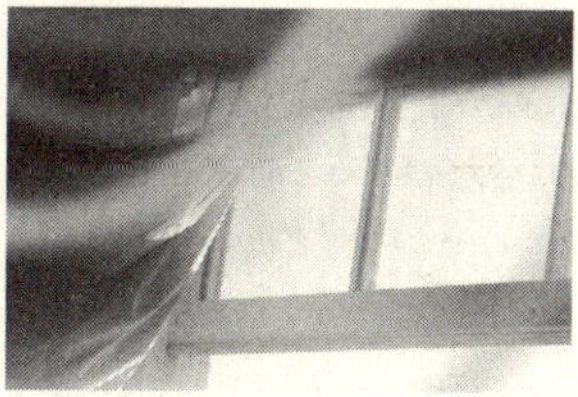

TRES

¿SOLO A MÍ ME RESULTA DIFÍCIL CREER EN LA SANIDAD?

Se requiere un paso de fe para aceptar la sanidad divina.

A Raquel le encantaba reunirse con las chicas del grupo de estudio bíblico. Eran todas de la misma edad y con hijos que asistían a preescolar. Los martes por la mañana representaban un refugio repleto de charlas constructivas y panecillos ingeridos sin culpa.

Sin embargo, en los últimos tiempos, Raquel comenzó a sentirse un poco incómoda en las reuniones. Aunque había crecido en una iglesia y sido creyente casi toda la vida, estaba empezando a cuestionarse algunas de las cosas que siempre había aceptado.

Viki, la encargada de dirigir los grupos informales de estudio, parecía sentirse muy segura de todo. Para ella, lo correcto y lo incorrecto siempre eran blanco o negro; y en cuanto al tema de creer en los milagros, era aun más dogmática. El grupo oraba todas las semanas por un lista detallada de tías abuelas y abuelas que sufrían toda clase de enfermedades, desde gota hasta Alzheimer. Nunca nadie se había mejorado, pero Viki seguía al pie del cañón incentivando al grupo a esperar que ocurriera un milagro en cualquier momento.

Viki las invitó a que hicieran pedidos de oración, y varias mujeres mencionaron a algunos parientes enfermos. Raquel se quedó sentada en silencio y con la mirada fija en el mantel. «¿Qué me está pasando?», se preguntaba. «¿Yo soy la única a la que le resulta difícil creer en esto?»

No siempre creí que Dios sanara a la gente. Sabía que *podía* hacerlo, pero no tenía ninguna prueba de que aún lo siguiera haciendo. Tal vez suene extraño, dado que, literalmente, crecí en la iglesia y fui llamado al ministerio pastoral desde muy joven. De niño me habían enseñado las Escrituras y creía en Dios con todo mi corazón; sin embargo, me resultaba difícil creer que las personas pudieran ser sanadas de forma sobrenatural. Deseaba tener mucha fe, pero parecía que solo tenía dudas. Mi travesía hasta aceptar la sanidad divina llevó varios años. El trayecto comenzó a fines de la década de 1970 en la ciudad de Trenton, Nueva Jersey, donde me desempeñé como pastor practicante en una pequeña congregación.

DUDAS E INTERROGANTES

El primer domingo que asistí a First Wesleyan Church [Primera Iglesia Wesleyana] había catorce personas. No era una congregación muy grande, pero al ser el primer lugar donde servía como pastor, sentía una gran emoción. Estaba preparando la tesis para el doctorado en la Universidad Drew en Madison, Nueva Jersey, y tenía muchos deseos de poner en práctica en la vida real entre esas personas lo que había aprendido en clase. Tuve oportunidad de hacerlo un domingo antes de la reunión, cuando una señora de apellido Bailey se me acercó y dijo:

—Pastor, estoy enferma, necesito que ore por mí.

Me quedé helado. No sabía casi nada acerca de orar por los enfermos, y se habrá reflejado en la mirada de desconcierto que puse, porque la sra. Bailey continuó diciendo:

—La Biblia dice que nos dirijamos a los ancianos y pidamos oración, ¿no es así?

Prometo que no podía recordar dónde estaba ubicado el pasaje, pero dije:

—Sí, por supuesto.

—Bueno —respondió ella—, usted es un anciano, y vengo para que me unja con aceite.

Créeme, con veintiocho años de edad, no me sentía en absoluto un anciano. Como si esto fuera poco, antes de aquella ocasión, no recuerdo haber visto ungir a una persona con aceite. Yo había crecido en un hermoso hogar cristiano y asistido a una iglesia maravillosa, pero no orábamos mucho por los enfermos. Para ese entonces ya me había graduado en tres maestrías: una en estudios del Nuevo Testamento, otra en teología, y otra más en teología e historia de la iglesia. En ese momento estaba completando el doctorado en historia de la iglesia; sin embargo, cuando ella me pidió que la ungiera con aceite, yo no tenía idea de qué estaba hablando. ¡Ahora suena cómico, pero lo único que me cruzó por la mente en aquel momento fue una lata de aceite para motores! Tenía que dilatar el asunto por un rato, así que le pedí a la Sra. Bailey que se reuniera conmigo más tarde en otra parte de la iglesia.

> Mi travesía hasta llegar a aceptar esta enseñanza estuvo repleta de interrogantes, dudas y fracasos.

Mientras tanto, fui a buscar a una santa mujer llamada Irma Weaver. Irma tenía alrededor de setenta y tres años y anteriormente había colaborado en el pastorado de esa congregación durante unos diez años. La encontré sentada en el salón de reuniones y fui corriendo a verla. «Sra. Weaver», le dije, «por favor, la vamos a necesitar en la planta baja. ¿Podría venir? Nos gustaría que ungiera a la Sra. Bailey con aceite». Me dio la impresión de que entendía perfectamente lo que le decía, así que agregué: «Sra. Weaver, por respeto a usted, me gustaría que se encargara de ungir a la Sra. Bailey». Me sentí tremendamente aliviado cuando ella aceptó hacerlo.

Mientras nos dirigíamos al piso de abajo, me preguntaba cómo sería todo eso. ¿Iba a derramar aceite sobre la Sra. Bailey? ¿Usaría un litro entero? ¿Haría falta poner una lona en el piso? Lo que en realidad sucedió fue que la Sra. Weaver tomó un pequeño vial con aceite limpio, colocó una gota en su dedo y la aplicó en la frente de la Sra. Bailey. Luego oró por ella. Eso fue todo. Al mirar hacia el pasado, recuerdo que fue un momento maravilloso y sumamente espiritual. De todos modos, admito que, en aquel entonces, me pareció un poco espeluznante.

UNA SERIE DE FRACASOS

Pasaron los años, completé mis estudios y finalmente acepté ser pastor de una iglesia en el centro de la región de Dallas–Ft. Worth. Fue en 1983. Ese es el año que digo que mi vida «explotó», ya que marcó una nueva etapa en mi relación de amor con Jesús. Todo comenzó con una inquietud en mi corazón, un deseo imperioso de saber más del Señor y su poder. Quería entender cómo era él; deseaba ir más allá de todo el conocimiento teológico y conocer de veras al Jesús todopoderoso, que puede cambiar a las personas, recomponer vidas… y sanar a los enfermos. Así que comencé a leer las Escrituras y a estudiarlas lo más a fondo posible. También empecé a orar por los enfermos. En marzo de ese año comencé a orar por todas las personas enfermas que se acercaban, y mi dedicación era de veras total. Durante un período de seis meses, casi todas las personas por quienes había orado *empeoraron*. Empecé a creer que los enfermos me huían. Alguien dijo bromeando: «Jim, fulano de tal está en el hospital, pero por favor, no vayas… ¡sabemos que tu oración lo va a hacer pasar directamente por las Puertas de Perlas!» Los resultados de mis oraciones eran desastrosos, y me desanimé muchísimo.

Entonces, una señora llamada Willadene un día me dijo: «Jim, ¿podrías ir al hospital? Mi papá está ingresado».

Tuve la intención de decirle: «¡Señora, con mis antecedentes, usted no querrá que ni siquiera me acerque al hospital!» Sin embargo, sabía que ella deseaba con desesperación que alguien orara por su padre, así que acepté.

No estaba preparado para enfrentar lo que vi en esa sala del hospital. El padre de Willadene parecía tener unos noventa años. No tenía dientes, su piel estaba toda arrugada y parecía tener tubos conectados por todas partes. Entonces pensé: «Ay, no. No hay posibilidad de que este hombre se mejore ni siquiera estando yo aquí en la sala; menos aún orando por él». En lo único que podía pensar era en la serie de fracasos que había experimentado durante los últimos seis meses.

Me di vuelta y le pregunté a Willadene:

—¿Qué quieres que pida en oración?

—Mira, Jim, simplemente pide que pase a la presencia del Señor —dijo ella.

«¡Qué bueno! ¡Esta es mi especialidad, mi don para el cuerpo de Cristo!», pensé yo. Sentí que mi fe se elevaba atravesando el techo, entonces oré, diciendo: «¡Oh, Señor, lleva a este hermano al cielo!» Para ser honesto, pensé que el hombre se moriría en ese preciso instante… y que todos los otros que estaban en la sala también. Sin embargo, cuando abrí lo ojos, vi que me estaba mirando.

En aquel entonces, pensaba que la autoridad en la oración era directamente proporcional al volumen de la voz, así que oré con más potencia. En realidad, grité: «OH, DIOS, TÚ SABES QUE BUEN MAESTRO DE ESCUELA DOMINICAL QUE FUE ESTE HOMBRE». Pensé que mi recomendación incentivaría a Dios a dejarlo entrar al cielo. No obstante, cuando volví a abrir los ojos, el hombre seguía ahí, mirándome. «¿Qué tengo que hacer?», me preguntaba, «¿cortarle el oxígeno?» No podía entender que el hombre siguiera vivo. Finalmente, salí de la sala y le dije a Willadene: «Cuando pase algo, llámame».

A las siete de la mañana del día siguiente, sonó el teléfono y era Willadene. En cuanto escuché la voz, empecé a pensar en los preparativos para el funeral; sin embargo, ella dijo:

—Jim, no vas a creer lo que pasó. ¡Mi papá se sentó en la cama y me llamó diciendo mi nombre!

En verdad, me sentí incómodo, y pensé: «Dios, ¿qué está pasando aquí? Uno de los dos no está cumpliendo con su parte del acuerdo… ¡y no soy yo!» Ya habían pasado seis meses desde que había comenzado a orar por la sanidad, y casi todos aquellos por quienes había pedido empeoraron. Después, la única vez que *intenté* pedir que alguien fuera al cielo, siguió viviendo. Aunque parezca extraño, me sentí mal al ver que la salud de este hombre había mejorado. Estaba a punto de abandonar el tema de la sanidad.

EL PODER DE DIOS

A la mañana siguiente, asistí a un desayuno con un grupo de pastores. Con toda intención, llegué tarde porque sabía cuáles eran los temas que se tratarían en la reunión, y ninguno de ellos tenía nada que ver con las cuestiones que estaba enfrentando en mi ministerio. La reunión no me interesaba; lo único que llenaba mi mente era el tema de la sanidad.

Me ubiqué en mi lugar en el extremo de una mesa larga y estrecha con otros diecinueve pastores. Mi idea era quedarme a comer y luego desaparecer en silencio cuando comenzara el debate. Estaba a punto de escaparme cuando un pastor llamado Jack Smith anunció: «Traje conmigo a un músico evangelista. Este hombre viaja por todo el país sirviendo con la música en las reuniones de las iglesias y también en conferencias de avivamiento espiritual, pero está enfermo. Tiene un problema respiratorio y apenas puede cantar. Está tan enfermo que ni siquiera puede conducir de una ciudad a otra. En ciertas ocasiones, se siente tan mal que no puede cantar nada. Así que, antes de hablar de los temas a tratar, tenemos que orar por su salud». Entonces, Jack dijo lo que yo menos hubiese querido oír. Se dirigió hacia mí y agregó: «Oye, Jim, tú eres experto en el tema de la sanidad. ¿Podrías orar por él?» En ese instante, los diecinueve pastores giraron la cabeza y me miraron.

> Sin importar en qué parte del trayecto te encuentres, puedes orar por los enfermos.

¿Alguna vez escuchaste hablar de esas «oraciones tipo flecha» que algunas personas lanzan al cielo en una situación de emergencia? Bien, la mía fue algo así. Dije: «Señor, ¿me estás haciendo una broma?» Sin embargo, yo sabía que tenía que orar por ese hombre… y quería hacerlo. Así que, me dirigí hacia donde él estaba sentado y coloqué mi mano izquierda en su hombro y la derecha sobre su pecho. No sé por qué hice la oración que hice, pero nunca antes lo había hecho de ese modo. Con voz potente y gran autoridad, dije: «¡En el nombre de Jesús, te mando que salgas de él!»

Mientras pronunciaba esas palabras, sabía que sonaba como una pobre imitación de un evangelista televisivo. «Ay», pensé,

«¿de verdad dije eso?» No tenía idea de qué hacer después.

De inmediato, el hombre comenzó a moverse de atrás para delante, y yo sentí una sensación en mi mano que nunca antes había sentido. Era como si la piel de la mano derecha se me hubiese tensado. Nunca antes había experimentado algo así ni tampoco lo volví a sentir desde aquella vez. Mientras tanto, el hombre seguía balanceándose. Entonces, empecé a preocuparme, y pensé: «¡Ay, no! Lo maté aquí mismo delante de toda esta gente. Justo en ese momento, lanzó una bocanada de aire y me miró. Luego exclamó: «Salió algo».

Como estaba delante de todos esos pastores, no quise parecer demasiado sorprendido, así que traté de actuar como si eso sucediera cada vez que oraba. «Bueno, muchachos», dije de manera informal, «a veces pasa esto». En realidad, no tenía ni la menor idea de lo que estaba pasando, pero una cosa sí era cierta: el hombre se sanó. Al instante se sintió mejor y pudo respirar con facilidad por primera vez en varios meses. Todos se quedaron pasmados ante lo ocurrido.

¡Entonces, todos formaron una fila delante de mí!

—Ora por mí también —,dijo un pastor llamado Bill.

—Está bien, Bill —dije, tratando de mostrar seguridad—. ¿Qué problema tienes?

—Hemorroides— contestó.

Tuve intención de decir: «¡Pero Bill, yo no soy hemorroidólogo! Soy especialista en problemas respiratorios. ¿No te diste cuenta?» Sin embargo, como había diecinueve hombres mirándome, tenía que hacer algo. Por lo tanto, dije: «Bill, voy a orar por ti, pero quizá podamos pasar por alto la imposición de manos». Fue una situación cómica, pero oré por el hombre y se curó en el momento. Con el paso de los años, he seguido en contacto con él, y me dice que se curó por completo. Por lo tanto, ya había sanado a un músico evangelista con problemas respiratorios y a un muchacho con hemorroides.

El próximo pastor que estaba en la fila dijo: «Hace años que tengo un zumbido en el oído. Casi no oigo y a veces me resulta difícil predicar. Mi papá y mi hermano tienen lo mismo». Oré por él, y se sanó. Después de eso se acercaron muchos más. A los pocos minutos, todos sentimos que estaba pasando algo importante: no solo la gente se sanaba, sino que Dios estaba allí, y todos lo sabíamos. Lo que sucedió luego fue de veras asombroso.

Un pastor se puso de pie y le dijo a otro: «Tu iglesia está a poco más de un kilómetro de la mía, y siempre fuimos rivales. Quiero que me perdones. Sé que tu congregación tiene problemas financieros, y nos gustaría enviarles parte de nuestras ofrendas para ayudarlos».

Luego, un pastor llamado Terri, que acababa de rebajar unos cuarenta y cinco kilos, se puso de pie y dijo: «Todos ustedes me han felicitado por haber rebajado tanto de peso, pero muchachos, nunca les conté que un día clamé a Dios por este tema, y alguien me impuso las manos. Lo que sucedió fue que quedé liberado de un espíritu. Nunca tuve el coraje de decirles lo que había sucedido».

Mark, otro pastor, también se puso de pie y dijo: «Quiero pedirles perdón a todos por los celos que tengo de ustedes. ¿Me perdonan?» Lloramos todos juntos mientras él confesaba su situación.

Dos horas más tarde, nos fuimos de la reunión sin haber hablado de los temas que se iban a tratar ese día. No obstante, experimentamos un auténtico avivamiento, y a mi juicio, eso se produjo porque estuvimos dispuestos a confiar en Dios en cuanto al tema de la sanidad divina. Aquel día fue determinante en mi travesía para aferrarme a esta maravillosa enseñanza. Esa jornada, cuando el poder de Dios se manifestó entre nosotros, marcó en mi vida el comienzo del ministerio de sanidad.

TU TRAVESÍA

Todos nos encontramos en diferentes etapas de nuestra travesía de la fe. Quizá tengas interrogantes sobre la sanidad divina y seas escéptico en cuanto al tema, tal como me sucedía a mí. El simple hecho de leer este libro tal vez sea un paso para avanzar en el sendero que te lleve a confiar plenamente en Dios en esta área. Permíteme desafiarte a hacer algo: no te concentres en analizar la sanidad ni en estudiar las Escrituras, sino comienza a orar por los enfermos. Es verdad que hay un momento natural y preciso para estar con el Señor; una hora designada para cada uno de nosotros. Tal como me sucedió a mí, atravesarás situaciones en que las personas por las que ores no se mejorarán, e incluso morirán. Sin embargo, me alegro mucho de no haber abandonado la idea de que Dios continúa sanando. Estuve tentado a hacerlo porque casi llegué a pensar que ninguna persona por la cual oraba se curaría. Gracias al Señor, seguí perseverando en la oración.

Tú puedes hacer lo mismo. No importan tus cuestionamientos ni la etapa del camino donde te encuentres; de todos modos, puedes orar por los enfermos y aprender a servir a los demás en el área de la sanidad. Dios no busca superestrellas ni genios sanadores, sino un grupo de personas a través de las cuales pueda desplegar su poder.

¿Serás una de esas personas?

OREMOS

Padre:

Ayúdame a confiar en ti. Dame la fe necesaria para creer en lo que dices y confiar en que eres todopoderoso. Por favor, sé paciente conmigo cuando dude, y fortalece mi fe. Quiero experimentar todo lo que tienes para mí. Dame disposición para recibir todo lo que estás dispuesto a darme.

Te lo pido en el nombre de Jesús.

Amén.

A fin de obtener más preguntas de debate para grupos pequeños sobre este capítulo y otros recursos relacionados con la sanidad, visita www.wesleyan.org/gsh.

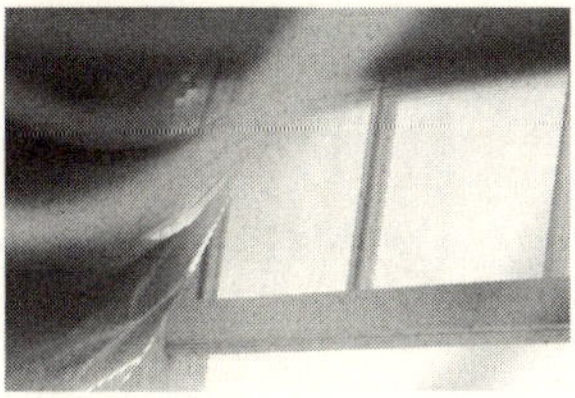

CUATRO

¿POR QUÉ LA SANIDAD SE MALINTERPRETA TANTO?

Aunque a veces se abusa de esta práctica, la sanidad sigue siendo el plan de Dios para sus hijos.

—Mamá, ¿para qué es este cheque?

Valeria Lucas visitaba a su anciana madre casi todos los días, pero desde hacía un par de meses, la ayudaba a pagar las facturas de los servicios. Mientras revisaba el resumen de la cuenta bancaria de su madre, observó que había un pago de mil dólares para el Centro Apostólico de la Fe, S.A.

Carmen Encina no dijo nada y siguió mirando fijamente la pantalla del televisor.

—Mamá —insistió Valeria,— mil dólares es mucho dinero. ¿Qué es esto, una iglesia o algo así?

—Ah, sí —respondió Carmen sin prestar atención—. Es por el milagro que hicieron conmigo.

«Tiene que se una broma», pensó Valeria, «mi mamá no puede ser tan tonta». Valeria se paró entre su madre y el televisor, que estaba sintonizado en un canal religioso.

—Mamá, me imagino que no le habrás mandado dinero a ese predicador de la televisión, ¿verdad?

—Bueno, me parece que le mandé un poquito —dijo Carmen, un poco vacilante—. La artritis me tenía bastante mal, y el pastor Milanés estaba al tanto de todo. Él oró por mí para que ocurriera un milagro...

Valeria no sabía si reírse o llorar. Revisó los resúmenes del banco y encontró dos pagos más para el ministerio del evangelista televisivo: uno por quinientos dólares y otro por dos mil. Se enojó tanto que se puso pálida.

—No lo puedo creer —dijo en voz alta—, mi propia madre engañada por esta tontería de la sanidad.

En algunas iglesias, el tema de la sanidad divina es una de las enseñanzas que más se malinterpreta. Menciona las palabras *milagro* o *fe sanadora* en algunas congregaciones y lo más probable es que te enfrentes con una actitud escéptica... o con algo peor. Algunos creyentes creen sinceramente que la sanidad divina es una farsa, una artimaña que se aplica a personas ingenuas o confiadas en exceso. Otros son solo cautelosos frente a algo que parece demasiado bueno para ser verdad. En cualquiera de los casos, la reacción frente a una discusión sobre esta importante verdad puede ir desde una sonrisa distraída hasta una crítica intensa.

¿Por qué se malinterpreta tanto el tema de la sanidad? Si la sanidad divina es de veras el plan de Dios para su pueblo, ¿por qué no la aceptan todos los creyentes? ¿A qué se deben la apatía, el escepticismo e, incluso, la crítica que suele generarse ante esta enseñanza? Hay dos razones por las cuales la sanidad divina se malinterpreta y, en ocasiones, se le difama.

MODELOS ERRÓNEOS

Cuando oyes las palabras *fe sanadora*, es probable que pienses en los diversos predicadores televisivos que has visto durante años. Yo también los he visto, y debo reconocer que algunos (aunque no todos) eran bastante raros. Hace años, cuando miraba programas de algunos de estos predicadores, no sabía si considerarlos entretenidos o sentirme molesto. Todo lo que hacían resultaba cómico. Incluso la manera de hablar me resultaba divertida, como si tuvieran un acento extraño. Sanaban en el nombre de *Jesuuuuús*, y luego gritaban: *¡Glooooria, tú puedes*! Para ser honesto, me resultaban totalmente desagradables, y lo mismo me sucedía con la enseñanza que, en apariencia, defendían. No quería tener nada que ver con todo eso.

Los modelos erróneos han hecho que muchos no crean que Dios sana hoy.

Luego, hace unos años, vino a visitarme un amigo que había investigado mucho el tema de la sanidad. Junto con su equipo habían examinado de manera minuciosa diversos casos de sanidades. Con el propósito de determinar si los relatos eran genuinos, observaron registros médicos, declaraciones de testigos e incluso radiografías. Dedicaron aproximadamente cinco años al proyecto.

Dado que mi amigo había investigado tanto el tema, decidí preguntarle sobre un predicador televisivo que yo había visto. Ese hombre parecía tan extraño que no me habría gustado que fuera vecino mío, y menos aun que orara para que me sanara de algo. Así que, le pregunté:

—¿Qué piensas de este predicador? ¿Es cierto lo que hace?— Estaba totalmente seguro de que me diría que era un farsante, pero no fue así.

—Ah, sí —me respondió—, es serio. Nosotros entrevistamos a varias personas por las que él oró, e incluso a algunos de los médicos que las trataban. En reiteradas ocasiones, hallamos que los informes eran auténticos.

Me quedé pasmado.

—¿Qué explicación le das? —le pregunté a mi amigo—. ¡A mí me da la impresión de que habría que encerrarlo en algún lado!

Jamás olvidaré la respuesta que me dio. Dijo:

—El tema de la sanidad es tan controversial, y tantas personas lo desestiman, que la mayoría no quiere tener nada que ver con ese asunto. Estoy convencido de que esta es la razón por la cual Dios obra a través de esa clase de personas que ves en la televisión. Él utiliza individuos que están dispuestos a ser malinterpretados y criticados, pero que, de todos modos, siguen adelante.

Esa respuesta me dejó mudo y pensando. Desde ese momento, no los critiqué más. En primer lugar, nunca tendría que haber criticado a ese predicador, y desde aquel entonces, nunca lo volví a hacer. Elevé una oración, y dije: «Oh, Dios, ¿me he vuelto tan frívolo que no estoy dispuesto a que me malinterpreten por hacer tu obra?» A partir de ese día, decidí buscar la voluntad de Dios en el área de la sanidad, aunque otros pensaran que estaba loco.

Sin duda, hay quienes engañan con el tema de la sanidad, y también es cierto que existen modelos erróneos en esta área. En muchos casos, no tenemos el más mínimo deseo de imitar a ciertos individuos que practican la sanidad por fe; sin embargo, nunca debemos permitir que esos modelos erróneos nos impidan aceptar esta verdad maravillosa: Dios quiere que sus hijos gocen de buena salud.

UNA MALA ENSEÑANZA

La segunda razón de que la doctrina de la sanidad divina se malinterprete es que, a veces, no se ha enseñado bien. No todos los que practican la sanidad por fe son buenos modelos a seguir ni tampoco es válido todo lo que se enseña sobre este asunto. Examinemos las cuatro opiniones fundamentales sobre el tema de la sanidad.

Negación. El primer punto de vista no es muy común, pero algunas personas lo defienden. Esta opinión afirma que la sanidad milagrosa nunca existió. A mediados del siglo veinte, un teólogo alemán llamado Rudolph Bultmann desarrolló una teoría de interpretación bíblica denominada *desmitificación.* Esta teoría sostiene que la Biblia está repleta de mitos que no deben tomarse como hechos reales. Bultmann interpretaba de este modo todos los relatos sobre los milagros y creía que solo servían como lecciones espirituales. Por ejemplo, habría dicho que si la Biblia relata que Jesús le devolvió la vista a alguien, no significa que le haya sanado físicamente. Lo que se trata de comunicar es que el Señor le dio una nueva capacidad de comprensión, no la vista en sentido literal.

La enseñanza de Bultmann llegó a los Estados Unidos y se enseña en algunos de los seminarios más destacados. Esto trajo como resultado que muchas personas crean que la sanidad divina nunca existió, ni siquiera en los tiempos bíblicos. Simplemente rechazan la posibilidad de que los milagros existan, incluso la resurrección de Cristo, y afirman que esas cosas nunca ocurrieron ni tampoco ocurrirán.

Histórica. Una segunda escuela de pensamiento con respecto a la sanidad divina es que la misma estuvo vigente en una época, pero ahora cesó. Los que sostienen esta opinión admiten que Jesús y otras personas realizaron milagros durante los tiempos bíblicos; sin embargo, creen que la era en que ocurrieron concluyó al final del período del Nuevo Testamento, aproximadamente en el 100 d.C. Desde ese entonces, no hubo más milagros.

Ocasional. Un tercer punto de vista es que la sanidad divina se produce, pero solo en forma ocasional. Algunas personas creen que, si bien los milagros pueden ocurrir, son extremadamente raros. Los que sostienen esta opinión suelen orar de este modo: «Padre, por favor, *si es tu voluntad*, sana a fulano de tal». Condicionan todas sus oraciones a la posibilidad de que Dios no quiera sanar a algunas personas.

No está mal orar para que se cumpla la voluntad de Dios. Jesús nos enseñó a orar precisamente de ese modo. Él oró así, y nosotros queremos seguir su ejemplo. No obstante, cuando Jesús sanaba, nunca decía: «Sé sano… *si* es la voluntad del Padre», ya que siempre consideraba que el deseo de su Padre era sanar.

Yo solía pensar de este modo. Luego, hace varios años, comencé a estudiar el tema de la sanidad. Hasta ese momento, cuando oraba para que alguien se curara, usaba las palabras «si es tu voluntad» o algo parecido. Sin embargo, después de haber estudiado, dejé de utilizar esa frase al orar porque Jesús nunca oró de ese modo con relación a la sanidad. Él nunca insinuó que el Padre no quisiera que una persona se curara, sino que sabía que Dios *siempre* quiere que sea así. Por lo tanto, si esa persona seguía enferma, era por otro motivo.

Cuando los creyentes oran por sanidad, ¿por qué emplean con tanta frecuencia la frase «si es tu voluntad»? Yo creo que esto se debe a que nuestras oraciones por sanidad han sido ineficaces y sentimos la necesidad de disimularlo de alguna manera. Oramos de este modo para que más tarde podamos decir: «Tal vez no era la voluntad de Dios que esa persona se sanara». Sin embargo, hay una manera mejor de entender cuál es la voluntad de Dios en cuanto a la sanidad.

Normal. La cuarta opinión sobre la sanidad es que la voluntad de Dios *es* que la gente se cure; por esa razón, la sanidad es el resultado normal de la oración. Analicemos un poco más este concepto. Cuando los hijos se enferman, los padres quieren que se mejoren. Nunca le diríamos a un padre: «Espero que tu hijo se mejore, si eso es lo que de veras deseas». Todos los padres buenos quieren que sus hijos se sanen. Hay muchos padres terrenales buenos, pero nuestro Padre celestial es mejor que cualquiera de nosotros. ¿Puedes imaginar que Dios se diga a sí mismo: «Creo que me gustaría que mi hijo siga enfermo un tiempito más»? La voluntad de Dios *siempre* es que sus hijos se sanen. La sanidad divina no es algo imposible, ni tampoco ocasional, sino es el resultado de nuestras oraciones basadas en la misericordia del Padre.

La mayoría de la gente comienza a recorrer este sendero con cierta aprehensión. Se necesita fe para vencer ese temor y confiar en Dios.

Es probable que en este preciso instante te preguntes: «Si Dios quiere que todos gocen de buena salud, ¿por qué hay personas enfermas? Si la sanidad es algo normal, ¿por qué no ocurre siempre?» Estas son buenas preguntas, y más adelante las examinaremos en detalle. No obstante, lo importante por ahora es darse cuenta de que Dios es un Padre celestial bueno y que, sin duda, desea que sus hijos tengan buena salud.

VENZAMOS EL MIEDO

En 2 Timoteo 1:7 dice que Dios no nos ha dado un espíritu de timidez, sino de poder, amor y dominio propio. Muchas personas sienten timidez, e incluso miedo, frente a la doctrina de la sanidad divina. Sinceramente hablando, algunos tienen una buena razón para sentirse así, ya que esta enseñanza ha sido maltratada más que cualquier otra en la iglesia. Algunos personajes inescrupulosos han hecho un daño tremendo al aplicarla en forma equivocada.

Aun así, la sanidad es real, y nuestro Padre celestial desea que la aprovechemos valientemente y la apliquemos en nuestras vidas. Él no quiere que vivamos con temor, sino que disfrutemos del poder que está dispuesto a desplegar a través de su Espíritu Santo. El poder de Dios para sanar se puede manifestar en el mundo mediante nuestras oraciones, mediante *tus* oraciones, si tan solo tenemos la fe y el coraje suficientes para ignorar a los escépticos, dejar de lado las críticas y asumir lo que el Padre dice.

OREMOS

Padre:

Creo que eres un Dios amoroso; sin embargo, me siento incómodo con esta enseñanza. No quiero perderme tu bendición, pero tampoco quiero ser engañado por impostores. Dame coraje, Padre, y dame fe. Dame poder para ignorar las voces que quieran distraerme; quiero escuchar solo tu voz. Ayúdame a aprender lo que dice tu Palabra sobre el tema de la sanidad y a aplicarlo a mi vida.

Te lo pido en el nombre de Jesús.

Amén.

A fin de obtener más preguntas de debate para grupos pequeños sobre este capítulo y otros recursos relacionados con la sanidad, visita www.wesleyan.org/gsh.

SEGUNDA PARTE

QUÉ DICE LA BIBLIA SOBRE LA SANIDAD

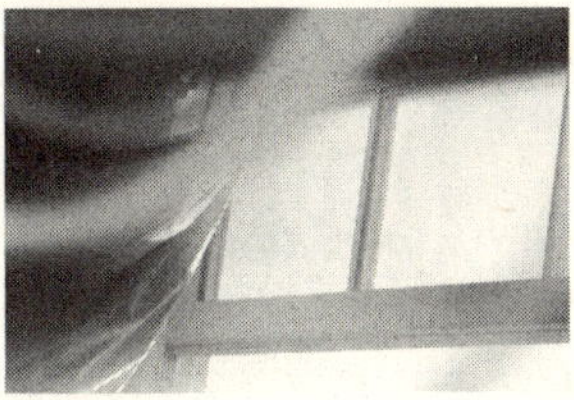

CINCO

¿ACASO LA SANIDAD NO ERA SOLO PARA LA IGLESIA PRIMITIVA?

La sanidad es una prueba de la presencia de Dios en todo momento y lugar.

A Carolina le encantaba asistir al almuerzo que las mujeres cristianas organizaban en la ciudad donde ella vivía porque consideraba que era una oportunidad para hacerse de amigas creyentes de otras congregaciones. Casi todos los meses conocía a alguien procedente de diferentes entornos, y siempre se quedaba asombrada de la cantidad de cosas que tenían en común.

Durante el período de oración, la que dirigía el encuentro les pedía a las personas que estaban en cada mesa que compartieran pedidos de oración y luego oraran unas por otras. Julia, que asistia por primera vez, les contó al resto de las compañeras de mesa sobre las dificultades que enfrentaba con su esposo diabético.

—Oremos por el esposo de Julia —instó Carolina al grupo—, para que Dios lo cure de esta enfermedad.

Julia frunció el entrecejo, la miró fijamente, y agregó:

—Solo oren para que me dé la gracia necesaria para enfrentar la situación.

—Por supuesto, Julia, pero también vamos a orar para que se sane.

Entonces Julia, con obstinación y firmeza, dijo:

—Dios no va a curar a mi esposo porque él ya no hace más esa clase de cosas. Incluso mi pastor me lo dijo. Tampoco voy a crear falsas esperanzas al suponer que sí puede hacerlo.

Algunas personas rechazan la idea de que Dios todavía sigue sanando porque creen que la sanidad milagrosa fue una obra que él hizo durante un tiempo limitado, solo para la época que se registra en la Biblia. Esta teoría dice algo así: Cuando la iglesia primitiva recién se estaba estableciendo, Dios necesitaba «apuntalarla» para ayudarla a seguir adelante. Como a la gente de aquellos tiempos le hacía falta mucho valor, Dios les dio innumerables señales milagrosas y maravillas para incentivar la fe. Entre esas señales milagrosas estaba la sanidad. Sin embargo, la teoría continúa diciendo: Entonces, una vez que la joven iglesia se estableció, Dios, de manera abrupta, dejó de realizar señales y milagros. Por lo tanto, tú y yo no podemos esperar ser testigos de sanidades milagrosas en nuestra época. Eso sucedió en el pasado, en una *dispensación* anterior, pero Dios ahora ya no lo hace.

HUELLAS DEL ESPÍRITU SANTO

El problema que presenta este punto de vista es que no tiene un respaldo claro en las Escrituras. Es un error llegar a la conclusión de que Dios simplemente cerró el grifo de la sanidad. No hay ninguna afirmación bíblica que lo exprese. En realidad, la Biblia presenta un concepto totalmente opuesto sobre la sanidad, ya que, según las Escrituras, esta es una prueba evidente de la obra de Dios. Por lo tanto, siempre que Dios obre, sea en aquel entonces o ahora, el resultado será la sanidad milagrosa. Este tipo de sanidad no estuvo reservada para un período determinado de la historia, sino que es una manifestación de la obra de Dios y podemos esperar que se produzca en cualquier momento y lugar en que él esté presente, incluso aquí y ahora.

PROMESA DE SANIDAD EN EL ANTIGUO TESTAMENTO

Repasemos lo que dice la Biblia sobre la sanidad, y comencemos en el Antiguo Testamento. El deseo de Dios de brindar sanidad es anterior a la existencia de la iglesia primitiva. Esto es una prueba de que él tiene intenciones de sanar en todas las épocas. El Salmo 103:1-5 dice:

> Alaba, alma mía, al SEÑOR; alabe todo mi ser su santo nombre. Alaba, alma mía, al SEÑOR, y no olvides ninguno de sus beneficios. Él perdona todos tus pecados y sana todas tus dolencias; él rescata tu vida del sepulcro y te cubre de amor y compasión; él colma de bienes tu vida y te rejuvenece como las águilas.

Este salmo se escribió varios cientos de años antes de la era neotestamentaria, mucho antes de que la iglesia recién nacida supuestamente necesitara señales y maravillas para estimular su fe. Este pasaje afirma de manera específica que la sanidad es una obra que Dios hace a favor de sus hijos. Es un beneficio de la salvación, si así lo prefieres.

Si te preguntara acerca de tu trabajo, tal vez averiguaría sobre los beneficios que tienes como empleado de esa empresa, y tú sabrías cuáles son porque resultan muy importantes. Quizá mencionarías cosas como estas: seguro médico, licencia por enfermedad y vacaciones pagas. Si un día tu empleador suspendiera los beneficios y tu jefe te avisara que la empresa va a dejar de brindar beneficios tales como el seguro médico, te decepcionarías tremendamente. Además, es indudable que tu empleador nunca haría algo así sin avisarte. ¿Te imaginas yendo un día a ver al médico y que el personal que lo asiste te dijera: «Lo siento, pero su seguro médico ya no tiene validez»? La sanidad es algo bueno, un «beneficio» que Dios les brinda a sus hijos, y no tiene sentido pensar que sencillamente dejará de brindárselo, menos aun sin avisar. Si Dios tuviera intención de dejar de sanar, lo declararía de manera sumamente explícita en las Escrituras. Sin embargo, no lo hace.

Mucho antes de la época del Nuevo Testamento, Dios afirmó que la sanidad es una de las cosas buenas que él hace a nuestro favor. Es un beneficio de nuestra relación con él, y este beneficio continúa vigente. Dios sana hoy.

EL COMIENZO DEL MINISTERIO DE SANIDAD DE JESÚS

En Lucas 4 se registra el primer mensaje de Jesús. La escena se desarrolla en Nazaret, la ciudad natal del Señor, una comunidad muy pequeña en la región de Galilea. Nazaret era un lugar poco propicio y es probable que el sitio donde vivía Jesús fuera también modesto. Algunos creen que fue criado por su madre María y su padre terrenal José en una especie de cueva cavada en la ladera de una colina. El Señor provenía de un entorno bastante humilde, y fue en ese pueblo donde comenzó su ministerio. Allí predicó su primer sermón y los resultados fueron desastrosos.

El problema surgió cuando leyó un pasaje de Isaías. Setecientos años antes, este profeta había anunciado que vendría el Mesías. Aquel día, Jesús hizo enfurecer a la multitud cuando les declaró que él era ese Mesías. No obstante, lo que queremos señalar aquí es el papel que iba a desempeñar el Mesías prometido. Lucas 4:18-19 registra las palabras que Jesús dijo en esa ocasión: «El Espíritu del Señor está sobre mí, por cuanto me ha ungido para anunciar buenas nuevas a los pobres. Me ha enviado a proclamar libertad a los cautivos y dar vista a los ciegos, a poner en libertad a los oprimidos, a pregonar el año del favor del Señor». Observemos dos cosas: en primer lugar, una parte del ministerio que Jesús asumía como suyo, por ser el Mesías, era sanar. En segundo lugar, no mencionó que su ministerio de sanidad se desarrollaría durante un tiempo limitado. Recuerda que el Señor dijo estas palabras alrededor del 30 d.C., y que el período de la iglesia primitiva se extendió aproximadamente hasta el 100 d.C.; es decir, unos setenta años más. Jesús en ningún momento hace la más mínima insinuación de que el ministerio de sanidad duraría solo siete décadas.

Él declara de manera específica que sanar era parte de su ministerio como Mesías. El Señor se lanzó a cumplir ese ministerio, y equipó a otros para que también lo llevaran a cabo. ¿Qué fundamento hay para creer que la sanidad no debe acompañar el ministerio de Cristo aun en la actualidad?

EL MINISTERIO DE JESÚS CONTINÚA

Sigamos considerando el ministerio de sanidad de Jesús. Mateo 9:35–10:1 declara: «Jesús recorría todos los pueblos y aldeas enseñando en las sinagogas, anunciando las buenas nuevas del reino, y sanando toda enfermedad y toda dolencia». A veces las palabras cortas contienen importantes significados, y esto es lo que sucede en este pasaje. Observa que Jesús sanaba *toda* enfermedad y *toda* dolencia. El texto no dice que sanaba *algunas* enfermedades o *ciertas* dolencias, sino que sanaba absolutamente todas. Ya sea que se tratara de un cáncer o simplemente de un resfrío, Jesús sanaba a todos los que necesitaban curarse.

Mateo 9:36-38 continúa diciendo: «Al ver a las multitudes, tuvo compasión de ellas, porque estaban agobiadas y desamparadas, como ovejas sin pastor. "La cosecha es abundante, pero son pocos los obreros —les dijo a sus discípulos—. Pídanle, por tanto, al Señor de la cosecha que envíe obreros a su campo"». A Jesús le preocupaban los enfermos, y su preocupación era tal que instó a sus seguidores a compartir esa carga. Ahora bien, recuerda que en el texto original de la Biblia no había divisiones de capítulos ni versículos. Esto se agregó recién en la Edad Media. Por lo tanto, el relato de este pasaje continúa directamente en el capítulo siguiente. Mateo 10:1 dice: «Reunió a sus doce discípulos y les dio autoridad para expulsar a los espíritus malignos y sanar toda enfermedad y toda dolencia». En ese momento, Jesús comienza a *multiplicar* su ministerio de sanidad e invita a otros a unirse a él para llevar a cabo este ministerio que anunció en el primer sermón que pronunció. El Señor designó a doce cristianos («pequeños Cristos», como los llamaría posteriormente Martín Lutero) para que realizaran junto con él la tarea de sanar a otros.

LA SANIDAD Y EL REINO DE DIOS

En Mateo 9:35 encontramos la frase: «anunciando las buenas nuevas del reino». Desde luego, el reino es el reino de los cielos (llamado también el reino de Dios), el cual se inició a través del ministerio de Jesús. En el día de hoy, ese reino incluye a todas las personas que creen en Jesús, que han nacido de nuevo. Mucha gente vive en países que se denominan cristianos, y también hay gran cantidad de personas que están vinculadas con una iglesia, pero que en realidad nunca han nacido de nuevo. Por lo tanto, el reino no está constituido por todos los que en una encuesta se cataloguen cristianos, sino por aquellos que de veras creen en Cristo.

El reino se consumará en el cielo; no obstante, por ahora la iglesia le da al mundo un anticipo de lo que será: una especie de aperitivo. La iglesia no es el plato principal, sino que simplemente prepara el escenario para la manifestación definitiva del reino de Dios. Llegará un día cuando el reino de Dios se instaure sobre todas las cosas. Me encanta la forma en que Filipenses 2:9-11 expresa esta verdad. Vendrá un día cuando toda rodilla se doblará y toda lengua confesará el señorío de Jesucristo. Ya sea que en vida hayan elegido a Cristo como Señor o no, *un día* todos reconocerán que él es Señor de todo lo creado. Hay varias opiniones sobre cómo y cuándo ocurrirá esto. Algunos creen que la iglesia proclamará el evangelio cada vez con mayor autoridad hasta dominar el mundo entero. Otros sostienen que la verdad es exactamente lo contrario; es decir, que el mundo irá empeorando hasta que Jesús regrese a establecer su reino por la fuerza. De todos modos, sin que importe lo que uno crea, el papel actual de la iglesia es el mismo: le brinda al mundo un atisbo de cómo será el reino venidero.

Cuando Jesús envió a sus discípulos y les indicó que predicaran «las buenas nuevas del reino», les estaba diciendo que anunciaran que ese reino estaba por llegar y que brindaran un anticipo de cómo iba a ser. Es significativo que el Señor, como parte de ese ministerio, les haya comisionado la tarea de sanar. Esta muestra anticipada del reino incluía la sanidad; por lo tanto, brinda un cuadro muy claro de que el reino de Dios incluye esta tarea. Cuando Dios aplica toda su autoridad en una región, la gente se sana. La sanidad forma parte del reino de los cielos, y aquellos que proclaman el reino son portadores de ese poder sanador.

¿El reino de los cielos es un concepto futuro o ya está vigente? Su consumación se concretará en el futuro; no obstante, existe «aquí y ahora» (en la tierra) y también «allá y entonces» (en el cielo). Jesús le dio comienzo a ese reino mediante su ministerio terrenal. Toda persona cuyo corazón se haya sometido al señorío de Jesucristo es miembro de ese reino; por lo tanto, el reino está aquí y ahora. Por esta razón, podemos hoy experimentar el poder sanador de Dios tal como sucedió con los miembros de la iglesia primitiva. Es necesario reconocer que experimentaremos ese poder en plenitud cuando el reino de los cielos se establezca por completo. No obstante, el reino está aquí y ahora, y Dios sigue sanando como elemento constitutivo de dicho reino.

El ministerio de Jesús estuvo saturado de obras de sanidad.

LA SANIDAD Y EL ESPÍRITU SANTO

Avancemos rápidamente al libro de Hechos. Este libro se inicia con el ascenso de Jesús al cielo. Sin embargo, antes de hacerlo, les transfiere autoridad a sus discípulos. En el versículo 8 les dice: «Cuando venga el Espíritu Santo sobre ustedes, recibirán poder» (Hechos 1:8). Justo antes de eso, Jesús les anunció a los discípulos la Gran Comisión y los envió al mundo para continuar con su ministerio. Lo que el libro de Hechos relata a continuación es exactamente eso. La iglesia nació cuando el Espíritu Santo descendió en el día de Pentecostés. A partir de ahí los seguidores de Cristo se esparcieron valientemente por el mundo para continuar con el ministerio de evangelización, sanidad y liberación que el Señor había anunciado en su primer mensaje público. Es comprensible pues que el registro de la labor de los apóstoles esté plagado de relatos sobre sanidades. Hechos 2:43 señala que los apóstoles realizaban muchos prodigios y señales. Pedro y Juan sanaron a un paralítico en el patio del templo (Hechos 3:1-10); y más tarde, Pedro resucitó a una mujer (Hechos 9:36-43).

Tal como expresé anteriormente, las Escrituras registran cinco clases de *enfrentamiento de poderes*. Uno es el de Jesús en contra de las enfermedades y dolencias producidas por el Enemigo, y se denomina *sanidad*. El segundo es en contra del daño que produce el Enemigo en los sistemas nervioso y emocional de las personas, y se denomina *liberación*. El tercero es en contra de la tendencia que tiene el corazón humano a pecar, y se denomina *evangelización*. El cuarto es en contra del poder destructor que el Enemigo ejerce sobre el mundo. Jesús lo demostró exhibiendo su dominio sobre las fuerzas de la naturaleza al calmar la tormenta. Este es un enfrentamiento de poder con lo *natural*. El quinto es en contra del espíritu de la muerte, la vuelta a la vida de personas ya muertas, lo cual constituye la *resurrección*. Cuando Dios obra, su poder se pone de manifiesto, y ese poder lo desplegaron los apóstoles al continuar con el ministerio de Jesús para el progreso del reino de los cielos, tal como lo registra el libro de Hechos.

EL PLATO PRINCIPAL

Esta es la cronología de la sanidad, tal como se revela en las Escrituras. En el Antiguo Testamento, Dios prometió que daría sanidad como un beneficio para sus hijos. Cuando Jesús vino a la tierra, inauguró el reino de los cielos al anunciar el ministerio de la sanidad. Posteriormente, comisionó a sus discípulos para que se unieran a él en la labor de sanar. Más tarde, antes de ascender al cielo, les dio autoridad para que pudieran continuar con la misión. Por último, el Espíritu Santo descendió en el día de Pentecostés y capacitó a los discípulos para que cumplieran con el mandato del Señor. Dios nunca tuvo intención de que las curaciones milagrosas se limitaran a una época específica. Su propósito es reincorporar el mundo entero a su reino, y dondequiera que él obre, la sanidad estará presente.

¿Tiene sentido que Dios deje de sanar sin ofrecer una palabra de explicación en las Escrituras?

Lo que Dios ciertamente desea es que la gente entienda el verdadero propósito de la sanidad: ser un preludio del reino de los cielos que un día se consumará. El Señor quiere que veamos la sanidad como un aperitivo que nos conduzca al plato principal; lo único que debe hacer es aumentar nuestro apetito por recibir más de él.

Cuando Jesús envió por primera vez a los doce les dijo: «Dondequiera que vayan, prediquen este mensaje: "El reino de los cielos está cerca". Sanen a los enfermos, resuciten a los muertos, limpien de sus enfermedades a los que tienen lepra, expulsen a los demonios» (Mateo 10:7-8). El reino de los cielos y la sanidad están inextricablemente vinculados. Donde está Cristo, está el reino, y donde esté el reino, habrá sanidad. Esto fue cierto antes, y lo es hoy también.

El apóstol Pablo escribió: «Porque el reino de Dios no es cuestión de palabras sino de poder» (1 Corintios 4:20). Anhelamos ver el día cuando toda la tierra sea alcanzada con el evangelio de Jesucristo; no obstante, esto no sucederá nunca si simplemente hablamos del tema. Si va a convertirse en una realidad, el poder de Dios tiene que manifestarse de una manera que jamás hayamos visto. Hasta ahora, solo probamos el aperitivo. Es hora de disfrutar del plato principal; es hora de experimentar el poder sanador de Dios.

OREMOS

Padre:

Sé que has hecho grandes obras en el pasado. He escuchado lo que hiciste por tu pueblo en los tiempos antiguos, y sé que resucitaste a Jesús de los muertos. Anhelo ver que tu poder se renueve en esta época y en mi vida. Padre, que venga tu reino, y que tu voluntad sea hecha, en la tierra como en el cielo.

Te lo pido en el nombre de Jesús.

Amén.

A fin de obtener más preguntas de debate para grupos pequeños sobre este capítulo y otros recursos relacionados con la sanidad, visita www.wesleyan.org/gsh.

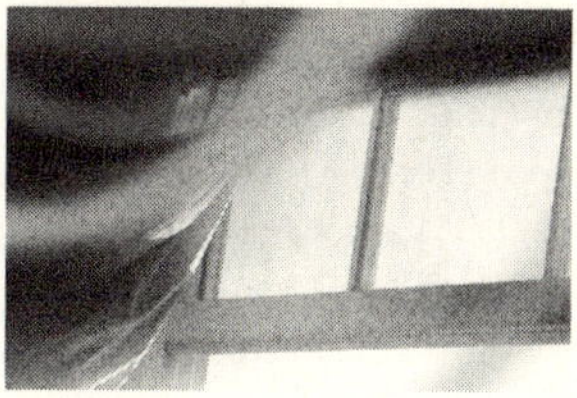

SEIS

¿NO ES QUE LA GENTE SOLO SE SANA POR COMPLETO EN EL CIELO?

Dondequiera que el señorío de Dios se manifiesta en plenitud, allí hay sanidad.

«Odio las funerarias», pensaba Juan Correa mientras entraba en la pequeña capilla. La música fúnebre del órgano, combinada con el olor nauseabundo a desinfectante, le daba al lugar un aspecto macabro.

Ernesto, el tío de Juan, tenía setenta y ocho años, y había muerto después de una larga enfermedad. Lo único que Juan podía recordar de él era su frágil aspecto de anciano. La tía Ana estaba sentada al lado del féretro, vestida de negro. Una gran cantidad de personas se le acercaban a fin de darle el pésame. Juan estaba esperando para saludarla, y mientras tanto pensaba en qué decirle.

—Cuánto lamento lo del tío Ernesto —le dijo—. Era un buen hombre y sé que mucha gente estaba orando por él.

—Gracias por tus palabras, Juan —respondió Ana—. Me alegro de que finalmente nuestras oraciones fueron respondidas.

Juan quedó desconcertado. Miró el cuerpo muerto del tío y después volvió a dirigirse a la tía.

—Eh, tía Ana, ¿qué quieres decir con eso?

—Nuestras oraciones pidiendo que se sanara —dijo ella—, finalmente fueron respondidas. Ahora Ernesto está sano, en el cielo. Todos estábamos esperando eso.

Juan vaciló un poco.

—Bueno, gloria al Señor, entonces —dijo con voz débil, y luego apretó la mano de Ana mientras trataba de sonreír.

«Tengo que salir de aquí», pensó y se dirigió rápidamente hacia la puerta. «De veras, detesto las funerarias.

Una de las objeciones de la gente frente a la idea de que Dios continúa sanando se basa en la creencia de que la verdadera sanidad solo se produce en el cielo. A veces emplean la frase *sanidad definitiva* para expresar el concepto de que únicamente experimentaremos el poder sanador de Dios en la otra vida. La idea es que solo gozaremos de plena salud cuando estemos con el cuerpo glorificado en el cielo, no antes. Sin embargo, la Biblia presenta un cuadro diferente: nos muestra que Jesús vino a traer el reino de los cielos a la tierra, al menos en parte, y dondequiera que está el reino de Dios, allí hay sanidad.

En el capítulo anterior vimos que la sanidad ha formado parte del plan divino desde el comienzo y que continúa en la actualidad. La sanidad no está limitada a un período específico del pasado. En este capítulo veremos que tampoco está reservada para un momento ideal del futuro, ya que es parte del reino aquí y ahora.

VENGA TU REINO

En el primer mensaje que Jesús dio anunció que iba a establecer un nuevo orden: el reino de los cielos. Estando en su ciudad natal, lo habían invitado a leer las Escrituras en la sinagoga. A continuación se describe lo sucedido:

> Se levantó para hacer la lectura, y le entregaron el libro del profeta Isaías. Al desenrollarlo, encontró el lugar donde está escrito: «El Espíritu del Señor está sobre mí, por cuanto me ha ungido para anunciar buenas nuevas a los pobres, me ha enviado a proclamar libertad a los cautivos y dar vista a los ciegos, a poner en libertad a los oprimidos, a pregonar el año del favor del Señor».
> Luego enrolló el libro, se lo devolvió al ayudante y se sentó. Todos los que estaban en la sinagoga lo miraban detenidamente, y él comenzó a hablarles: «Hoy se cumple esta Escritura en presencia de ustedes» (Lucas 4:16-21).

Al hacer este anuncio, Jesús estaba decretando su autoridad, ya que declaraba que había venido a establecer el reino de Dios en la tierra. No debe sorprendernos que esa afirmación haya generado oposición. Algunos de los presentes se ofendieron tanto que incluso trataron de matarlo.

LA ERA PRESENTE CONTRA LA ERA FUTURA

Este pasaje de las Escrituras es un ejemplo de lo que se denomina «dualismo». Esto significa simplemente que dos cosas suceden al mismo tiempo. Al leer de Isaías, Jesús se remontó al conocido concepto del «día del Señor». Los profetas del Antiguo Testamento solían referirse a esa idea como el momento cuando Dios vendría a establecer su reino, equilibrar las cosas y volver a ordenar todo. Malaquías dijo: «Miren, ya viene el día, ardiente como un horno. Todos los soberbios y todos los malvados serán como paja, y aquel día les prenderá como fuego hasta dejarlos sin raíz ni rama —dice el Señor Todopoderoso» (Malaquias 4:1). En 2 Tesalonicenses 1:7, Pablo continuó con esta idea al decir que Cristo regresará entre llamas de fuego y con ángeles poderosos para destruir a los malos. El día del Señor era el momento en que el gobierno divino se establecería con solidez en la

> Vivimos en dos mundo: el *ya* y el *todavía no*.

tierra. Por lo tanto, cuando Jesús anunció que la profecía de Isaías se había cumplido, estaba diciendo que el día del Señor, el reino de los cielos, ciertamente había llegado.

No obstante, es evidente que el reino no se ha establecido *por completo*. Todavía vemos que Satanás está actuando en la tierra. No estamos viviendo en el cielo, sino seguimos habitando la tierra. Por lo tanto, desde la época de Jesús en adelante, hemos estado viviendo entre estos dos mundos: el reino de los cielos y el reino de la tierra. Jesús vino a inaugurar el reino, y cuando vuelva, se consumará. Por ahora, nuestra existencia se desarrolla entre un *ya* y un *todavía no*. El reino ha venido, pero no se ha establecido por completo. Por eso, Pablo dice en 1 Corintios 10:11: «Ha llegado el fin de los tiempos».

LAS SEÑALES DEL REINO

Jesús nos dio señales de la presencia del reino de Dios para que podamos reconocerlo. Una de ellas es el interés en los pobres y los oprimidos. Cuando el gobierno divino se establece, los que carecen de derechos son elevados y protegidos. Otra señal del reino es la sanidad. Muchos piensan que el ministerio de sanidad del Señor fue una especie de acto de magia, como si hubiese ido por allí esparciendo un polvillo mágico sobre algunas almas afortunadas. Sin embargo, este ministerio era en verdad una consecuencia del reino. Cuando el reino de Dios se instaura, el poder de las tinieblas es quebrantado; el poder sanador divino se despliega, y la gente se sana. Eso sucedió en casi todos los lugares donde iba Jesús. Cuando él trajo el reino, la sanidad fue uno de los resultados.

Otra señal del reino es la liberación. Cuando el reino de Dios se constituye, las personas son liberadas de las cosas que las esclavizan, incluso de la aflicción demoníaca y las adicciones. Jesús vino a establecer el reino de Dios, y ese reino se caracteriza por la restauración que produce mediante la sanidad física, la liberación del mal y la salvación.

VISTAS DEL REINO

Si hubieses seguido a Jesús después de ese primer mensaje en Nazaret, habrías visto que a su alrededor se producían manifestaciones del reino. De inmediato, salió y liberó a un hombre afligido por un demonio. Poco después, en Capernaúm, sanó a la suegra de Pedro. En esta ciudad también sanó a muchas otras personas. Es lógico que la gente deseara con ansias que Jesús se quedara allí, pero él se negó, diciendo: «Es preciso que anuncie también a los demás pueblos las buenas nuevas del reino de Dios, porque para esto fui enviado» (Lucas 4:43). El Señor sanó enfermos, expulsó demonios, alimentó multitudes e incluso resucitó muertos. Cuando el reino de Dios viene, el poder divino se despliega, y a lo largo del ministerio de Jesús vemos una demostración de esta verdad. Es como si el Señor estuviera cumpliendo con las promesas que había hecho en su campaña: había declarado que el reino había venido, y después de salir de Nazaret, demostró que su afirmación era cierta.

CHOQUE ENTRE DOS MUNDOS

Aun así, poco después se produjo un choque entre los dos mundos: el cielo y la tierra. A medida que Jesús iba invadiendo el territorio de Satanás, este contraatacaba. En una ocasión, el Señor estaba cruzando el lago con sus discípulos, y se levantó una gran tormenta que amenazaba con hundir el barco. Esa era la obra del Enemigo que trataba de impedir la extensión del reino de Dios. ¿Qué hizo Jesús? Calmó la tormenta e instaló la paz de Dios. Poco después, el Señor se encontró con un hombre poseído por un demonio, el cual exclamó: «¿Por qué te entrometes, Jesús, Hijo del Dios Altísimo? ¡Te ruego que no me atormentes!» (Lucas 8:28). Ese demonio tuvo el conocimiento suficiente como para reconocer que Jesús es el Hijo de Dios y darse cuenta de lo que estaba haciendo. Entendió que Cristo había venido a recuperar su gobierno y establecer el reino de Dios en la tierra.

Aun las fuerzas demoníacas se daban cuenta de que se estaba produciendo una batalla catastrófica. El reino de los cielos estaba invadiendo el reino de la tierra, y las enfermedades ocupaban el frente de batalla de esa guerra. Jesús dijo en Juan 10:10 que el ladrón había venido para robar, matar y destruir, pero que él lo había hecho para dar una vida abundante. Jesús trasladó el reino a la tierra, y junto con su reino trajo sanidad.

TU VOLUNTAD SEA HECHA

La labor de sanidad del reino no la llevó a cabo el Señor Jesús solo. Su plan siempre fue extender el reino junto con la liberación, la sanidad y la salvación que lo acompañaban. Tres pasajes bíblicos importantes muestran cómo se iba a llevar a cabo.

LUCAS 9

En Lucas 9 Jesús comisionó a los doce discípulos para que ministraran en su nombre. De manera increíble, les dio poder y autoridad para expulsar todos los demonios y curar enfermedades, y luego los envió a predicar el reino de Dios y a sanar a los enfermos. El Señor les otorgó a los doce el mismo poder y autoridad que él había estado ejerciendo. La misión de los discípulos pasó a ser la extensión del reino, tal como Jesús lo había hecho. Es importante notar que les dio poder y también la autoridad para utilizarlo. Ellos tenían que realizar la misma tarea que había estado haciendo el Señor. Es verdad que Satanás tiene poder en la tierra, pero no todo. Jesús vino a recuperar la autoridad sobre el mundo, a recobrarla para el reino de los cielos.

LUCAS 10

En Lucas 10 vemos otra expansión del reino. En esta ocasión, Jesús no comisionó a doce, sino a setenta y dos discípulos para que llevaran adelante la obra del reino. Les dijo: «Es abundante la cosecha … pero son pocos los obreros. Pídanle, por tanto, al "Señor de la cosecha que mande obreros a su campo. ¡Vayan ustedes!» (Lucas 10:2-3). Unos pocos versículos después, vemos el resultado: «Cuando los setenta y dos regresaron, dijeron

El reino de los cielos ya ha llegado, por lo menos en parte.

contentos: —Señor, hasta los demonios se nos someten en tu nombre"» (Lucas 10:17). Estaban azorados, pero no había razón para que se sintieran así, ya que Jesús les había dado autoridad para extender el reino en su nombre. Además, esa autoridad iba acompañada de poder. El Señor dijo en Mateo 12:28: «Si expulso a los demonios por medio del Espíritu de Dios, eso significa que el reino de Dios ha llegado a ustedes». El hecho de que los setenta y dos fueran capaces de expulsar demonios demostraba que el reino de los cielos había venido con poder.

MATEO 16

En Mateo 16 leemos acerca de la conocida confesión acerca de Cristo que hizo Pedro. Jesús había reunido a sus discípulos para preguntarles qué se decía de él: «¿Quién dice la gente que soy?» Hubo varias respuestas. Luego, el Señor les preguntó directamente a ellos, y en respuesta, Pedro declaró lo siguiente: «Tú eres el Cristo, el Hijo del Dios viviente» (Mateo 16:16). Jesús le dijo: «Dichoso tú, Simón, hijo de Jonás ... porque eso no te lo reveló ningún mortal, sino mi Padre que está en el cielo. Yo te digo que tú eres Pedro, y sobre esta piedra edificaré mi iglesia, y las puertas del reino de la muerte no prevalecerán contra ella. Te daré las llaves del reino de los cielos; todo lo que ates en la tierra quedará atado en el cielo, y todo lo que desates en la tierra quedará desatado en el cielo» (Mateo 16:17-19).

Con esta declaración increíble, Jesús le transfirió a la iglesia, a todos los creyentes, el mismo poder y autoridad que les había otorgado inicialmente a los doce y luego a los setenta y dos. En otras palabras, nosotros tenemos que salir y hacer exactamente lo que Jesús hizo: establecer su reino en la tierra, justo como en el cielo. Se nos dio poder y autoridad para utilizarlo.

EN LA TIERRA COMO EN EL CIELO

Imagínate el momento en que el reino de los cielos se establezca por completo. Imagina un mundo sin injusticia, sin dolor, sin sufrimiento, sin lágrimas, sin enfermedad; un mundo nuevo donde todo y todos estén sanos. Ese es el cielo que todos anhelamos. No obstante, ese reino está aquí y ahora, al menos en parte.

Jesús inauguró ese reino con su ministerio, y luego nos transfirió el poder y la autoridad para extenderlo. El Señor, que tiene las llaves del reino, nos las ha entregado, y nosotros tenemos que ejercer la autoridad en su nombre.

¿Hay sanidad en el cielo? ¿La sanidad definitiva y completa? Sí, la hay. Sin embargo, esa sanidad tiene que comenzar aquí y ahora, en el reino de los cielos que Jesús estableció. Este reino de los cielos se acerca no obstante, al mismo tiempo ya está aquí, y con ese reino habrá sanidad en este lugar y en este momento. Tal como nos enseñó Jesús, oremos para que el reino de Dios continúe acercándose y su voluntad se siga haciendo aquí en la tierra como en el cielo.

OREMOS

Padre:

¡Cuánto ansío el cielo! Me imagino el día cuando no haya más lágrimas, ni dolor, ni tristeza. Ojalá fuera hoy. También te agradezco por permitirme ver un anticipo de lo que harás, de la vida que está por venir. Ayúdame a ser un mensajero fiel al anunciar las buenas nuevas. Capacítame para que les cuente a otros de Jesús y orar por aquellos que necesitan experimentar tu poder sanador. Quiero ser un siervo tuyo.

Te lo pido en el nombre de Jesús.

Amén.

A fin de obtener más preguntas de debate para grupos pequeños sobre este capítulo y otros recursos relacionados con la sanidad, visita www.wesleyan.org/gsh.

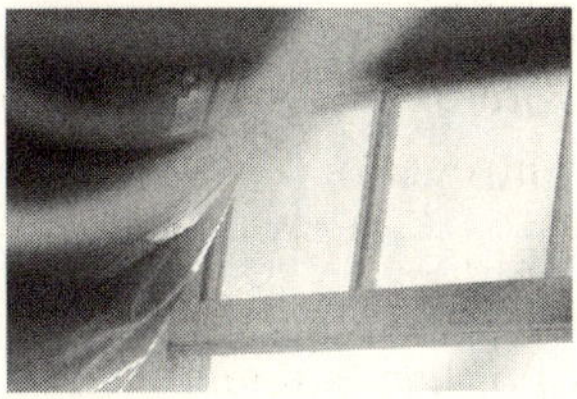

SIETE

¿UTILIZA DIOS LAS ENFERMEDADES PARA ENSEÑAR A LA GENTE?

Dios quiere enseñarnos a través de su Palabra, no de las enfermedades.

Después de cuatro años de ausencia, el cáncer de Raquel había reaparecido. En pocas semanas se le había desparramado por todo el cuerpo, lo cual requirió un tratamiento intensivo y doloroso. Mientras estaba internada en el hospital, luchando contra las náuseas y tratando de dormir, la puerta se abrió y entró Jerónimo Arnoldo, el pastor de su iglesia.

—¿Cómo te sientes, Raquel? —Jerónimo dijo mientras acercaba una silla a la cama y se sentaba.

—No sé, pastor. Me parece que estoy cansada de estar enferma.

Luego miró hacia la ventana y agregó:

—Ojalá no tuviera que pasar por esto.

—Pero Raquel, recuerda lo que dice la Biblia. Todas las cosas obran para bien en la vida… incluso tu enfermedad.

Raquel no dijo nada.

—Y estoy seguro de que no te quieres perder la bendición de Dios. ¿No dice Santiago que tenemos que gozarnos en las pruebas? Esto también se aplica a tu vida —agregó el pastor con el rostro radiante—. ¡Estoy ansioso por descubrir lo que el Señor te quiere enseñar con este cáncer!

Raquel se sintió mal. «¿Realmente Dios quiere que esté enferma? ¿Qué hice para merecer esto? ¿Tengo algún problema espiritual?», se preguntaba.

Hizo un esfuerzo para sonreír, y luego dijo con humildad:

—Creo que tiene razón. Solo espero aprender pronto la lección.

Muchos cristianos creen que Dios usa las enfermedades y otras formas de sufrimiento como un método de enseñanza. Según esta manera de pensar, todas las cosas malas que suceden en el mundo proceden de Dios y ocurren por una razón específica. Si un terremoto destruye miles de casas y mata a cientos de personas, Dios lo hizo por algún motivo. Entonces, cuando la gente tiene cáncer, o diabetes, o artritis, el Señor tiene algo en mente para esas personas porque está utilizando esas enfermedades para enseñarles una lección. Esa es otra manera de decir que Dios no quiere que todos estén sanos, sino que desea que algunos se enfermen.

DIOS QUIERE QUE ESTÉS SANO

Esta lógica presenta dos inconvenientes. Uno es que simplemente no tiene sentido. Después de todo, si fuera cierto que la enfermedad es el método divino para captar la atención de la gente, tendríamos que concluir que lo que el mundo necesita son más enfermedades. Si Dios opera de este modo, ¿por qué no hace enfermar a todos hasta que, finalmente, reaccionen y hagan lo que él quiere?

El segundo problema con esa línea de pensamiento es que no tiene el respaldo de las Escrituras. La realidad es que, *sin duda*, aprendemos lecciones al atravesar enfermedades; sin embargo, la pregunta es esta: ¿Dios les envía enfermedades a las personas para enseñarles o les enseña de otro modo? Veamos qué dice la Palabra.

LAS ENFERMEDADES PROCEDEN DEL DIABLO

El libro de Hechos contiene un registro de la iglesia primitiva. Fue escrito por el doctor Lucas un poco más de treinta años después de que Jesús ascendiera al cielo. Hechos 10:38 dice: «Me refiero a Jesús de Nazaret: cómo lo ungió Dios con el Espíritu Santo y con poder, y cómo anduvo haciendo el bien y sanando a todos los que estaban oprimidos por el diablo, porque Dios estaba con él». ¿Quién es responsable de que la gente se enferme? Según la Biblia, el diablo tiene la culpa. Este texto no deja lugar a la idea de que Dios es quien hace que las personas se enfermen.

> La enfermedad y la destrucción son tarea de Satanás, y Jesús vino para destruir las obras del diablo.

Es verdad que aprendemos mucho cuando estamos enfermos, y esto se debe a que nos sentimos humillados y nuestra mente se centra fácilmente en las cosas de suma importancia. Vivimos en un mundo quebrantado, y cuando sufrimos, lo percibimos con mayor claridad. Sin embargo, la Biblia nunca sugiere esto: «Si hago que este hijo padezca de lupus, tal vez aprenda algunas cosas y me respete más». No, Dios no actúa así. Las enfermedades provienen del diablo, no de Dios.

JESÚS TIENE UN PROGRAMA DIFERENTE

Si el diablo usa las enfermedades para mantener dominada a la gente, ¿qué hace Jesús? ¿Qué objetivo persigue en el mundo? Juan 10:10 lo expresa claramente: «El ladrón no viene más que a robar, matar y destruir; yo he venido para que tengan vida, y la tengan en abundancia». Jesús marcó la diferencia con bastante claridad. Satanás quiere dañar a las personas y, finalmente, destruirlas. Jesús desea darles vida. El diablo quiere que la gente esté enferma; el Señor desea que tengan buena salud.

Juan, un buen amigo y discípulo de Jesús, escribió la primera carta que lleva su nombre aproximadamente en el 95 d.C. Si alguien conocía bien al Señor, ese era Juan, a quien se suele describir como el discípulo amado. Él escribió: «El que practica el pecado es del diablo, porque el diablo ha estado pecando desde el principio. El Hijo de Dios fue enviado precisamente para destruir las obras del diablo» (1 Juan 3:8). El ministerio de Jesús consistía en destruir las obras del diablo; entonces, ¿qué hizo el Señor? Anunció las buenas nuevas, sanó a las personas y las liberó. El ministerio de Jesús tenía como objetivo esencial destruir el poder que el Enemigo tenía sobre el corazón, la mente y el cuerpo humano. Jesús vino a sanar a la gente, no a hacer que se enfermara.

JESÚS VINO A SANAR

¿Quiere Jesús que la gente esté enferma? No, al contrario. La agenda específica de su ministerio era sanar a las personas. Si bien también es cierto que aprendemos mucho cuando sufrimos, hacer que alguien se enferme *no* es el método de Dios para enseñarnos; él no hace que la gente se enferme para captar su atención ni enseñarle una lección. Las enfermedades son obra del Enemigo. Dios quiere que goces de buena salud.

EL VERDADERO CARÁCTER DE DIOS

Cuando era niño y vivía en la zona rural de Kansas, uno de los grandes acontecimientos de la vida era ver pasar el camión de los bomberos. Cuando yo oía la sirena y el rugir del motor, sabía que estaba sucediendo algo emocionante. Era tal la importancia de cosas como esta en el pequeño pueblo cercano a nuestra granja que, cuando el camión salía de la estación de bomberos, la gente lo seguía. En aquel entonces no sabíamos que supuestamente no debíamos hacerlo, así que los incendios se convertían en un punto de concentración de toda la comunidad. De niño, en un par de ocasiones vi un camión de bomberos, y en ambos casos estaba estacionado frente a una casa que se estaba quemando. ¿Sabes cuál fue mi conclusión? Estaba convencido de que los bomberos les prendían fuego a las casas para destruirlas. ¿Por qué? Porque el camión de los bomberos siempre estaba presente cuando se quemaba una casa. Ahora parece tonto, ¿pero qué otra cosa podría pensar un niño?

Esa lógica equivocada es la misma que aplicamos en cuanto al tema de las enfermedades. Cuando vemos algún accidente, una enfermedad, un desastre, o incluso la muerte, también vemos que el Espíritu Santo hace su tarea; sin embargo, su *presencia* no significa que sea el *causante*. Sin duda, aprendemos cuando estamos enfermos, ya que el Espíritu Santo nos ayuda en medio de las aflicciones. Por esa razón, llegamos a la conclusión errónea de que Dios es quien provocó la dolencia. Asumimos que la labor del Señor es hacernos sufrir para poder consolarnos. Nada podría estar más lejos de la verdad. Entonces, cuando entendamos cómo es el verdadero carácter de Dios, sabremos que es misericordioso y no quiere que sus hijos sufran; del mismo modo que yo, como padre terrenal, tampoco deseo que mis hijos se enfermen.

UN DIOS DE MISERICORDIA

En una ocasión, Charles Capps explicó esta verdad con este relato ficticio. Supongamos que un hombre se fracturó una pierna y tuvo que estar internado en el hospital por un tiempo. Entonces, alguien fue a visitarlo y él dijo: «¡Gloria a Dios! Él sabía que me hacía falta descansar». ¿Qué clase de Dios le quebraría la pierna a alguien para obligarlo a tomarse un día libre? ¡Si el Señor hiciera la mitad de las cosas de las que se le acusan, lo condenarían por abuso de menores! ¿Alguno de nosotros les diría a sus hijos que necesitan ir a descansar a sus cuartos y luego les quebraría una pierna para que se queden allí? Sin duda, Dios tiene que tener alguna manera mejor de enseñarnos.

Un día, Jesús se encontró con un hombre que estaba poseído por demonios (ver Lucas 8:26-39). Su estado era tan calamitoso que andaba desnudo y vivía solo en el cementerio. La gente había tratado de encadenarlo, pero cuando los demonios se apoderaban de él, se ponía violento, rompía las cadenas y salía corriendo. Luego, Jesús expulsó a esos demonios y lo liberó. Ese hombre estaba tan agradecido por lo que el Señor había hecho que quería acompañarlo y ser uno de sus discípulos.

Según las Escrituras, ¿cómo les enseña Dios a las personas, enviándoles enfermedades o liberándolas de las dolencias? Aquí surge otra interrogante: ¿Qué medio es más eficaz para enseñarle a la gente: torturarla o mostrarle misericordia?

Dios no tiene intención de enseñarnos enviando una enfermedad, sino aliviándola. Él nos instruye al demostrarnos su misericordia. Su plan es sanarnos.

UN DIOS COMPASIVO

La gente ha presentado diversas ideas para explicar de dónde surge el poder sanador de Dios. Algunos basan su argumento en Isaías 53:4-5 y sostienen que en la expiación (la muerte de Cristo en la cruz) está la fuente de la sanidad. La Biblia dice que Jesús fue «traspasado por nuestras rebeliones» y «molido por nuestras iniquidades», y que «gracias a sus heridas fuimos sanados». Fundamentados en estas afirmaciones, algunos creen que la muerte de Jesús es la causa de que seamos sanados. Sin embargo, si fuera así, todos los que recurren a Dios para sanarse se sanarían, del mismo modo que todos los que se acercan a él para ser salvos son perdonados gratuitamente.

Otros creen que la sanidad divina está en el reino de Dios. Así como no puedo afirmar con seguridad que la sanidad esté en la expiación, creo que tampoco se puede aseverar que se encuentre en el reino. Tomando como base la vida y el ministerio de Jesús, consideran que dondequiera que el reino de Dios se establezca, allí habrá sanidad. Yo coincido con este punto de vista. No obstante, el reino aún no ha venido *por completo*. Jesús inauguró el reino, y este sigue extendiéndose, pero no se instaurará completamente hasta que Cristo regrese.

La fuente definitiva de nuestra sanidad no está ni en la expiación ni en el reino, sino en la naturaleza compasiva de Dios. Mateo se refirió a Jesús, y dijo: «Al ver a las multitudes, tuvo compasión de ellas, porque estaban agobiadas y desamparadas, como ovejas sin pastor» (Mateo 9:36). La compasión emana de estas palabras. Es la compasión de un Padre que tiene el corazón quebrantado al ver el sufrimiento que hay en el mundo. Es la compasión de un Hijo que ruega que se le sumen otros colaboradores para aliviar la angustia que ve a su alrededor. Sí, es verdad que aprendemos cuando estamos enfermos, pero no podemos llegar a la conclusión de que nuestro

Padre celestial *envía* las enfermedades para enseñarnos.

UN DIOS DE GRACIA

Muchas pólizas de seguros excluyen ciertas cosas que denominan «actos de la naturaleza». ¿A qué se refieren? A cosas tales como tornados, huracanes y tormentas de granizo. ¿Es esto en realidad, una descripción precisa de los «actos» de Dios? ¿Es Dios una persona que envía desastres para perjudicarnos? ¿Son las calamidades los medios que él emplea para enseñarnos?

Sin duda, los desastres de esa clase son obra del Enemigo. ¿Cómo desea Dios enseñarnos? ¿De qué manera quiere un papá bueno que sus hijos aprendan? ¿Un padre terrenal preferiría que sus hijos aprendieran mediante castigos o por lo que él les dice? Y así es como Dios nos enseña: a través de su Palabra. En las Escrituras nos ha instruido con paciencia; nos ha dado el ejemplo y la enseñanza de su Hijo Jesucristo; y también nos ha brindado al Consolador, el Espíritu Santo, quien nos guía y nos encamina. La Palabra de Dios es el medio que él utiliza para instruir a sus hijos.

Es indudable que hay ocasiones cuando Dios instruye a sus hijos y estos le desobedecen, y que a veces les vuelve a enseñar, y desobedecen otra vez. Entonces, finalmente puede decir: «Está bien, voy a tener que permitir que mis hijos aprendan por las malas», y los deja que hagan lo que quieran. Esto siempre genera catástrofes. ¿Aprendemos en medio de las enfermedades, las angustias y los sufrimientos que experimentamos por haber desobedecido a Dios? Desde luego que sí. Sin embargo, la voluntad de Dios para nosotros nunca es que padezcamos por el solo hecho de que aprendamos algo. Él nos instruye a través de su Palabra porque se preocupa por nosotros. Él es un Dios de gracia.

UN DIOS DE AMOR

Una vez escuché una acertada ilustración sobre esta verdad que dio Charles Capps. Una pareja cuya hija había nacido con una severa deformidad fue entrevistada por televisión y ambos dijeron: «No sabemos por qué Dios hizo esto, pero tuvimos suerte de encontrar a un cirujano plástico que lo pudo corregir». Es probable que

> Dios es un Padre amoroso que les da buenas dádivas a sus hijos.

hubiésemos sentido compasión por esa familia y su hija, pero también habríamos lamentado su ignorancia en cuanto a quién es Dios. Cuánto mejor hubiese sido que dijeran: «No entendemos cómo ni por qué el Enemigo le envió esta dolencia a nuestra hija, pero alabamos a Dios por haberles dado conocimiento y capacidad a los médicos, y a nosotros los recursos suficientes, a fin de brindarle el tratamiento necesario para que se cure».

La enfermedad es obra de Satanás. Es el Enemigo el que viene a robar, matar y destruir. La sanidad es obra de Dios. Es Jesús quien ha venido para dar vida, y para darla en abundancia. Tu Padre celestial te ama profundamente. Nunca dudes de su compasión, ni de su misericordia y su amor por ti. Podemos agradecerle a Dios por lo que aprendemos cuando estamos enfermos; sin embargo, podemos estar más agradecidos porque él es el Dios que sana.

OREMOS

Padre:

Gracias por amarme tanto. Gracias por tu compasión, tu misericordia y tu gracia. Necesito tomar conciencia de que me amas, en especial cuando estoy sufriendo. Quita mis dudas, Padre, y capacítame para descansar en la fe. Te amo y confío en ti.

Te lo pido en el nombre de Jesús,

Amén.

A fin de obtener más preguntas de debate para grupos pequeños sobre este capítulo y otros recursos relacionados con la sanidad, visita www.wesleyan.org/gsh.

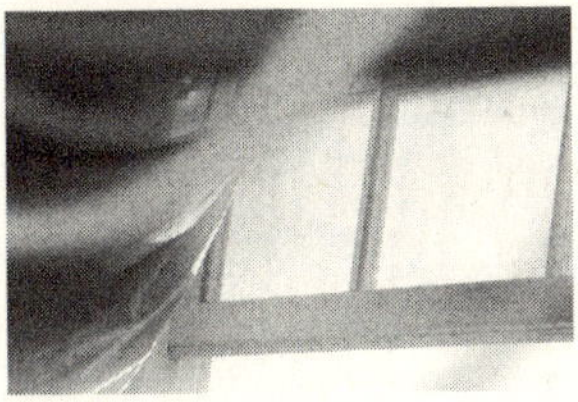

OCHO

SI TIENES EL DON, ¿QUÉ TE IMPIDE DEJAR VACÍO EL HOSPITAL?

No todo el mundo está preparado para recibir la sanidad divina.

Daniel y Carlos se reunían todos los martes por la mañana para orar. No les gustaba la frase compañeros confidentes, pero estos amigos íntimos tenían como hábito desafiarse el uno al otro a ser espiritualmente auténticos. En los últimos tiempos, Daniel había estado buscando la guía de Dios para determinar qué dones espirituales tenía.

—Carlos, estuve orando mucho por esto, y siento que Dios quiere que ore por los enfermos.

—¿En serio? —dijo Carlos con cierto tono de sorpresa.

—Sí —respondió Daniel—. Incluso, últimamente lo he estado haciendo seguido. Además, sané a una persona.

Carlos levantó las cejas y dijo:

—¿Qué?

—Bueno, en realidad Dios la sanó. Era mi sobrina. Tenía gripe y oré por ella. A los pocos minutos, se le quitó la fiebre, y al día siguiente fue a la escuela.

—Ehh... gripe...

—Sé que suena raro, pero de veras estaba muy enferma.

Daniel hizo una pausa y luego agregó:

—Me parece que tengo el don de la sanidad.

—Perfecto —dijo Carlos—, vamos.

—¿Adónde vamos?

—Al hospital. ¿No dijiste que tenías el don de sanidad? Vamos y lo dejamos vacío.

—Eh... no estoy muy seguro... —dijo Daniel titubeando—. Mejor nos tomamos otro café.

Si tienes el don de la sanidad, ¿por qué no puedes sanar a todo el mundo? Esta es una pregunta razonable. Sin duda, una persona compasiva que sea capaz de ejercer el don de la sanidad querría hacerlo cada vez que se presenta la oportunidad. Si de veras es tan sencillo orar para que la gente se sane, ¿por qué no ha ido alguien al hospital para vaciarlo? Muchos hospitales están colmados, y algunos tienen listas de espera. Hay personas que asumen que, como algunos enfermos no se curan, la sanidad divina no existe.

Sin embargo, hay razones por las cuales algunas personas no se sanan. En la tercera parte de este libro se considerarán varias de esas razones. Por ahora, veamos el tema de la sanidad divina aplicado de manera específica al entorno hospitalario. ¿Por qué no podemos ir al hospital, orar por sanidad y dejar todas las camas vacías? Para responder esta pregunta, examinemos un caso cuando Jesús visitó un sitio muy parecido a un hospital. La historia está registrada en Juan 5:1-9.

> Algún tiempo después, se celebraba una fiesta de los judíos, y subió Jesús a Jerusalén. Había allí, junto a la puerta de las Ovejas, un estanque rodeado de cinco pórticos, cuyo nombre en arameo es Betzatá. En esos pórticos se hallaban tendidos muchos enfermos, ciegos, cojos y paralíticos. Entre ellos se encontraba un hombre inválido que llevaba enfermo treinta y ocho años. Cuan-

do Jesús lo vio allí, tirado en el suelo, y se enteró de que ya tenía mucho tiempo de estar así, le preguntó:

—¿Quieres quedar sano?

—Señor —respondió—, no tengo a nadie que me meta en el estanque mientras se agita el agua, y cuando trato de hacerlo, otro se mete antes.

—Levántate, recoge tu camilla y anda —le contestó Jesús.

Al instante aquel hombre quedó sano, así que tomó su camilla, y echó a andar.

PREPARADO PARA RECIBIR

El estanque de Betzatá (Betesda) era el equivalente antiguo de un hospital o un hogar de ancianos. La gente creía que en determinadas ocasiones un ángel agitaba el agua del estanque, y que la primera persona que entraba se sanaba. Muchos enfermos se reunían cerca del estanque con la esperanza de tener oportunidad de curarse. Cuando Jesús llegó, se encontró con un hombre que hacía treinta y ocho años que estaba enfermo. Observa lo que el Señor le preguntó: «¿Quieres quedar sano?»

Este pobre hombre no entendió en absoluto a qué se refería la pregunta de Jesús. Por eso, respondió: «No hay nadie que me lleve hasta el estanque».

> Hay varias razones por las cuales la gente tal vez no esté preparada para ser sanada.

Sin embargo, Jesús no le había preguntado si tenía a alguien que lo llevara hasta el estanque, ni tampoco por qué seguía enfermo. Si él le hubiese hecho alguna de estas preguntas, entonces sí habría sido correcto contestar: «No hay nadie que me lleve hasta el estanque».

Lo que, Jesús le preguntó fue: «¿Quieres quedar sano?» Es evidente que la respuesta a esa pregunta sería: «¡Sí! Me quiero curar». No obstante, el hombre no le dijo eso, sino que ignoró la pregunta del Señor y en lugar de responderle comenzó a hablarle de los inconvenientes que tenía para poder curarse.

Jesús le estaba preguntando algo más crucial que la razón de su enfermedad o si quería que lo ayudara. Él deseaba llegar al corazón del hombre enfermo para indagar el área de la voluntad. ¿De veras el hombre quería sanarse? ¿No es el deseo de todos? Se supone que sí, pero en realidad hay algunas razones por las cuales algunas personas no están dispuestas o preparadas para recibir el regalo de la sanidad divina.

UNA PÉRDIDA DE LA ESPERANZA

Quizá la pregunta que Jesús le hizo al hombre junto al estanque sea polémica. Tal vez parezca una falta de cortesía preguntar si los enfermos desean de veras sanarse o no; sin embargo, el Señor lo preguntó. Él sabía que, cuando las personas están enfermas durante mucho tiempo, llegan a resignarse ante la situación y asumen que las cosas nunca van a cambiar. Incluso es probable que dejen de buscar una solución a su problema, acepten vivir enfermos y pierdan las esperanzas.

Tal vez hayas visto casos que adoptan esta actitud. Yo la vi en cierta ocasión en una mujer que se llamaba Linda. Ella había formado parte del personal de trabajo de una organización para eclesiástica internacional, y era una creyente muy fiel. Sin embargo, de niña la madre las había hecho participar a ella y a su hermana en sesiones de espiritismo en la casa. El espíritu de destrucción había entrado en Linda cuando era pequeña. Después de empezar a trabajar en el ministerio cristiano, ese espíritu comenzó a reaparecer y le causaba graves problemas emocionales y físicos. Ella pudo rastrear de manera definida sus problemas y remontarse a cuando tenía ocho años y el Enemigo entró en su vida.

En una ocasión le dije:

—Linda, este problema no es demasiado complicado para Dios. Oremos por tu situación.

Al hacer eso, le estaba preguntando algo parecido a: ¿Quieres quedar sana?

—Jim, cada vez que trato de liberarme de esto, sufro mucho. Creo que no vale la pena seguir intentándolo. He aprendido a sobrellevar la situación y me he adaptado a vivir así —dijo Linda.

—Linda, por favor, no te rindas. Por favor, oremos por ti —le contesté.

—No —respondió ella.

Esta respuesta es más común de lo que te imaginas. Hay muchas personas que sencillamente abandonaron la idea de que Dios las sanara porque sufrieron durante mucho tiempo y se decepcionaron en varias ocasiones. Por lo tanto, no quieren que se ore más por ellas. Es comprensible que suceda, pero también es trágico. Muchas personas que están en el hospital o viven en asilos simplemente se han resignado a permanecer como están. Aman a Dios y creen en él; sin embargo, llegaron al punto de convencerse de que nunca se sanarán. Esta forma de pensar es una de las razones por las cuales es imposible vaciar los hospitales orando para que todos se sanen.

UNA FUENTE DE PODER

La segunda razón de no poder sanar a todos los que están internados en el hospital tiene que ver con la motivación de algunos enfermos. Después de predicar un mensaje sobre la sanidad divina, una persona me entregó una nota. En ese sermón había mencionado algunas de las razones por las cuales la gente no se cura, y alguien me escribió unas líneas donde sugería otra más. La nota decía: «Un obstáculo para la sanidad es la gratificación personal del enfermo. Si se cura, esa persona ya no tendrá cómo llamar la atención».

Quizá esto se aplique a muy pocos casos, pero puede suceder. Hay algunos enfermos que sin duda se aferran a su estado por la posición en que los coloca frente a sus amigos o parientes. Por lo tanto, esta es otra razón por la cual no tiene sentido esperar que una persona que tiene el don de la sanidad cure instantáneamente a todos los que encuentra. El enfermo debe querer ser sanado.

UN ENTORNO COMPLICADO

Otra razón de no poder vaciar de forma milagrosa el hospital es que el entorno de un sitio como ese es uno de los más intimidantes para orar por los enfermos. Es probable que esta afirmación genere sorpresa. Tal vez pienses que un lugar lleno de enfermos sería el terreno ideal para ejercer el don de la sanidad; sin embargo, no es así.

Por un lado, el hospital no es el escenario para los que no somos profesionales de la salud, sino para los médicos, las enfermeras y otros especialistas en el tema. Cuando vamos a un hospital a orar por los enfermos, estamos bajo la autoridad de esas personas, y es comprensible que nos pidan que esperemos, demos un paso al costado o salgamos de la habitación mientras los profesionales realizan su trabajo.

No obstante, el hospital tampoco es, en definitiva, un territorio de los profesionales médicos, ya que, en cierto sentido, es jurisdicción del Enemigo. Las enseñanzas de John Wimber fueron las que inicialmente me ayudaron a entender esto. Un hospital es un sitio donde se lleva a cabo una labor compasiva. De hecho, muchos llevan el nombre de cristianos consagrados porque fueron fundados por personas motivadas por el llamado de Jesús a realizar tareas humanitarias. Hay muchos médicos y enfermeras que tratan a los pacientes con un amor y una dedicación increíbles. Sin embargo, ¿qué es lo que provoca las enfermedades? El que enferma a la gente no es Dios, sino el Enemigo (ver capítulo 7). Por esa razón, el cúmulo de enfermos en un hospital es, en un sentido una especie de trofeo del Enemigo. Debo aclarar que no me estoy refiriendo a los corazones de las personas que trabajan o son tratadas en ese lugar; sino más bien a que los hospitales exhiben de forma evidente el trauma que el enemigo provoca en el cuerpo humano. Por este motivo, puede ser un sitio sumamente desafiante para orar por los enfermos. De todos modos, sin duda vamos a los hospitales y oramos para que los enfermos que están allí se sanen. No debemos permitir que nos intimide el hecho de que no sean nuestro territorio. Nosotros vamos a esos lugares y vemos que hay personas que se curan; sin embargo, reconocemos que puede ser un entorno complicado para orar.

UNA CONEXIÓN CON EL PADRE

La última razón por la cual no podemos simplemente ir a los hospitales para orar por sanidad es que debemos unirnos a Dios en este ministerio, no dirigirlo. En mi opinión (y quizá esto te sorprenda), Dios no nos guía para que oremos por la sanidad todo el tiempo ni en todas partes. Más bien, debemos participar del ministerio de sanidad de Jesús en el momento y el lugar donde se esté llevando a cabo.

Cuando oramos por sanidad, no vamos corriendo de una persona enferma a otra para imponerles las manos lo más rápidamente posible, sino que nos esforzamos para ver qué está haciendo el Padre. Tal vez esto implique que, en ciertas ocasiones, no oraremos por un enfermo. ¿Esto significa que Dios no desea que todos se sanen? Yo creo que su voluntad es que todos estén sanos, pero esto se produce cuando actuamos según el tiempo de Dios. Por este motivo no andamos por los pasillos de los hospitales imponiéndoles las manos a los enfermos, ya sea que tengan interés o no en que oremos para que se sanen. Más bien prestamos atención para ver dónde está obrando el Padre y nos unimos a él.

ESPERANZA DE SANIDAD

¿Quieres quedar sano? Esta puede parecer una pregunta retórica, pero Jesús se la hizo al menos a un enfermo. ¿Hay personas que no quieren sanarse? Sería más preciso decir que hay algunos que no están preparados para recibir el regalo del poder sanador de Dios, y él no derramará su gracia sobre aquellos que no están dispuestos a aceptarla, cualquiera sea la razón que tengan.

> Nuestra tarea no consiste en sanar a todos, sino en ver lo que el Padre está haciendo y unirnos a él.

No obstante, podemos hacer esta oración por todos los que están enfermos y por nosotros mismos. Podemos orar para que Dios los prepare a fin de recibir su gracia, ya sea para la salvación del pecado, la liberación de la opresión o la sanidad de una enfermedad. Podemos pedirle que les prepare el corazón para recibir la dádiva que él tiene tantos deseos de dar.

OREMOS

Padre:

Quiero ser un instrumento para la sanidad de otras personas. Quiero orar para que otros se sanen. Ayúdame a ver dónde pueden ser más eficaces mis oraciones. Permíteme captar cuáles son tus propósitos en cada situación para poder percibir cuál es tu voluntad y orar en armonía con ella. Señor, dame discernimiento.

Te lo pido en el nombre de Jesús,

Amén.

A fin de obtener más preguntas de debate para grupos pequeños sobre este capítulo y otros recursos relacionados con la sanidad, visita www.wesleyan.org/gsh.

NUEVE

SI LA SANIDAD FUERA ALGO REAL, ¿NO SERÍA INSTANTÁNEA?

Aunque la sanidad instantánea sin duda sí ocurre, en la mayoría de los casos se produce de manera gradual.

El tiempo de testimonios en la iglesia de Santiago era tan predecible como el resultado de un enfrentamiento deportivo entre jugadores videntes y no videntes. El pastor Bernardo se esforzaba por conseguir algún informe sobre una conversión, un milagro u otro resultado reciente de la obra del Espíritu, pero la mayoría de los miembros de la congregación aprovechaba la ocasión para hacer anuncios o repetir los mismos pedidos de oración de siempre.

Santiago hizo un gesto de dolor cuando Marta Carretero se puso de pie. Todos estaban al tanto de sus cálculos en la vesícula, su artritis y sus infecciones urinarias crónicas.

—Quisiera agradecerle a Dios por su poder sanador —comenzó diciendo Marta—. Esta semana el Señor me tocó.

Santiago puso los ojos en blanco y balbuceó sin que nadie escuchara: «Ya era hora».

—Estuve orando por mi artritis durante más de un año —continuó diciendo Marta.

«Y estuviste con medicamentos, te operaron y recibiste fisioterapia», pensaba Santiago con impaciencia. «Ya lo sabemos todo».

—Y esta semana pude caminar sin usar el bastón —dijo Marta con expresión triunfante—. Alabo a Dios por lo que hizo en mí

Luego se sentó.

—¿Qué hizo Dios?— se preguntó Santiago. Suena como que debiera agradecerle al médico. Yo no veo que Dios haya hecho nada.

La mayoría de las sanidades que se registran en la Biblia ocurrieron de inmediato. Las Escrituras están colmadas de relatos sobre leprosos que se sanaron de manera instantánea, ciegos que recuperaron la vista al momento e incluso sobre personas muertas que fueron resucitadas. Aparentemente, otras clases de milagros también se produjeron de repente. Cuando Moisés saco al pueblo hebreo de la esclavitud, extendió su vara sobre las aguas del Mar Rojo, y estas se abrieron. En un momento, la gente estaba frente a una masa de agua inmensa, y al instante siguiente, cruzaban el lugar por tierra seca. Por esta razón, parece lógico concluir que la sanidad divina siempre es una operación instantánea. Los milagros ocurren de esta manera, ¿no es así?

> Ansiamos ver resultados inmediatos; sin embargo, la sanidad suele llevar tiempo.

LA SANIDAD COMO PROCESO

Recuerda, sin embargo, que cuando Dios envió a Moisés a liberar al pueblo hebreo, ya habían sido esclavos durante cuatrocientos años. La liberación divina fue la culminación de un proceso que comenzó cuando José fue vendido como esclavo y luego ascendido al segundo puesto de mayor autoridad en todo Egipto. La libertad pareció haberse producido de repente, pero en realidad hacía siglos que estaba en proceso.

¿Y qué sucede con los milagros? ¿Siempre ocurren al instante o algunos se producen de manera progresiva? En las Escrituras hay al menos tres ejemplos de personas que fueron sanadas o liberadas mediante un proceso que se produjo con el paso del tiempo. Observemos cada caso.

SANIDAD EN DOS ETAPAS

Quizá el ejemplo más claro de esta clase de milagro ocurrió en un lugar llamado Betsaida, donde Jesús sanó a un enfermo en dos etapas. El relato se encuentra en Marcos 8:22-25:

> Cuando llegaron a Betsaida, algunas personas le llevaron un ciego a Jesús y le rogaron que lo tocara. Él tomó de la mano al ciego y lo sacó fuera del pueblo. Después de escupirle en los ojos y de poner las manos sobre él, le preguntó:
> —¿Puedes ver ahora?
> El hombre alzó los ojos y dijo:
> —Veo gente; parecen árboles que caminan.
> Entonces le puso de nuevo las manos sobre los ojos, y el ciego fue curado: recobró la vista y comenzó a ver todo con claridad.

Este es el mejor ejemplo de las Escrituras en cuanto a la sanidad como proceso. Aunque la Biblia no explica por qué lo hizo de ese modo, Jesús sanó al hombre en dos etapas. Es cierto que las etapas fueron consecutivas y que el desarrollo quizá no llevó más de un minuto o dos; pero de todos modos, la sanidad se produjo en forma gradual, no al instante.

SANIDAD GRADUAL

Otro pasaje de las Escrituras nos describe una curación que no fue instantánea. Este suceso se produjo con el tiempo y a cierta distancia, ya que Jesús sanó de manera gradual a un muchachito que estaba enfermo en otro lugar. El relato se encuentra en Juan 4:46-53 y dice lo siguiente:

> Y volvió otra vez Jesús a Caná de Galilea, donde había convertido el agua en vino. Había allí un funcionario real, cuyo hijo estaba enfermo en Capernaúm. Cuando este hombre se enteró de que Jesús había llegado de Judea a Galilea, fue a su encuentro y le suplicó que bajara a sanar a su hijo, pues estaba a punto de morir.
>
> —Ustedes nunca van a creer si no ven señales y prodigios —le dijo Jesús.
>
> —Señor —rogó el funcionario—, baja antes de que se muera mi hijo.
>
> —Vuelve a casa, que tu hijo vive —le dijo Jesús.
>
> El hombre creyó lo que Jesús le dijo, y se fue. Cuando se dirigía a su casa, sus siervos salieron a su encuentro y le dieron la noticia de que su hijo estaba vivo. Cuando les preguntó a qué hora había comenzado su hijo a sentirse mejor, le contestaron:
>
> —Ayer a la una de la tarde se le quitó la fiebre.
>
> Entonces el padre se dio cuenta de que precisamente a esa hora Jesús le había dicho: "Tu hijo vive". Así que creyó él con toda su familia».

Observa la frase «a qué hora había comenzado su hijo a sentirse mejor». Este es uno de los pocos pasajes que sugiere que una sanidad divina se produjo de forma gradual. Sin duda, Jesús sanó al muchacho; sin embargo, da la impresión de que no se curó de inmediato. Es probable que la sanidad se haya producido en el transcurso de un breve período de tiempo. No sabemos cuánto llevó, pero el lenguaje del texto parece indicar que no se curó instantáneamente, sino que ocurrió poco a poco.

LIBERACIÓN DEMORADA

Hay otro ejemplo bíblico de un milagro que no ocurrió en el momento; no es un caso de sanidad, sino de liberación. En un lugar llamado de los gerasenos, Jesús liberó a un hombre endemoniado; sin embargo, la liberación se produjo después de cierta demora. Marcos 5:1-13 dice lo siguiente:

> Cruzaron el lago hasta llegar a la región de los gerasenos. Tan pronto como desembarcó Jesús, un hombre poseído por un espíritu maligno le salió al encuentro de entre los sepulcros. Este hombre vivía en los sepulcros, y ya nadie podía sujetarlo, ni siquiera con cadenas. Muchas veces lo habían atado con cadenas y grilletes, pero él los destrozaba, y nadie tenía fuerza para dominarlo. Noche y día andaba por los sepulcros y por las colinas, gritando y golpeándose con piedras.
>
> Cuando vio a Jesús desde lejos, corrió y se postró delante de él.
>
> —¿Por qué te entrometes, Jesús, Hijo del Dios Altísimo? —gritó con fuerza—. ¡Te ruego por Dios que no me atormentes!
>
> Es que Jesús le había dicho: "¡Sal de este hombre, espíritu maligno!"
>
> —¿Cómo te llamas? —le preguntó Jesús.
>
> —Me llamo Legión —respondió—, porque somos muchos.
>
> Y con insistencia le suplicaba a Jesús que no los expulsara de aquella región.
>
> Como en una colina estaba paciendo una manada de muchos cerdos, los demonios le rogaron a Jesús:
>
> —Mándanos a los cerdos; déjanos entrar en ellos.
>
> Así que él les dio permiso. Cuando los espíritus malignos salieron del hombre, entraron en los cerdos, que eran unos dos mil, y la manada se precipitó al lago por el despeñadero y allí se ahogó.

Esta historia es interesante por varias razones. Poco antes de este suceso, Jesús había calmado la tormenta en el mar de Galilea. Mientras iba en un bote en dirección a la región de los gerasenos, se levantó una tormenta violenta. El Enemigo intentaba hundir el barco manipulando las condiciones climáticas, pero Jesús le puso fin a la situación al reprender al viento y las olas. ¿Cómo sabemos que era el Enemigo? ¿No es posible que la tormenta haya sido enviada por Dios? No, no es posible, porque el Señor la reprendió. Dado que Jesús siempre está de acuerdo con el Padre, nunca habría detenido algo que él hubiese iniciado. Jesús vino a deshacer las obras del diablo.

Entonces, después de ese breve enfrentamiento con el maligno, Jesús se encontró con este pobre hombre, el cual quizá haya sido el más endemoniado de todos los que se mencionan en las Escrituras. Su estado era tan patético que vivía entre las tumbas, desnudo, y gritando y lastimándose con piedras.

Observa la conversación que sostuvieron el endemoniado y Jesús. Se produce una especie de confrontación mientras Jesús les ordena a los demonios que salgan y en un primer momento estos se niegan. ¡Como los demonios le tenían miedo al poder del Señor, lo que en realidad hacen es tratar de negociar! Finalmente, Jesús les permite entrar en un hato de cerdos, los cuales de inmediato corren hacia el lago y se ahogan. ¡Irónicamente, es la misma masa de agua donde el Enemigo acababa de intentar ahogar al Señor!

> Por razones que no puedo explicar por completo, Dios a menudo decide sanar de forma gradual.

Es importante señalar que hay una demora entre el momento en que Jesús les ordenó a los demonios que salieran del hombre y el instante en que fue en realidad liberado. Nosotros estamos acostumbrados a pensar que los milagros ocurren instantáneamente; sin embargo, en este caso parece que se retrasó un poco.

UNIDAD CON EL PADRE

Francis McNutt, un sacerdote católico que ha estado relacionado con el tema de la sanidad por muchos años, estima que menos del veinte por ciento de los casos de sanidad divina que ha visto fueron instantáneos. Aproximadamente el cincuenta por ciento fue gradual, y al menos un veinticinco por ciento de las personas por las que ha orado no mejoraron en absoluto. Estos valores son tal vez un reflejo apropiado de lo que hoy en día ocurre con la sanidad divina. ¿Es frustrante que muchas más personas no se sanen y que no lo hagan de manera instantánea? ¿Podríamos desear que más gente se sanara de inmediato, tal como se registra con tanta frecuencia en la Biblia? Sin duda. No obstante, parece ser que, en la actualidad, Dios suele preferir que la gente se cure en forma gradual o después de cierto tiempo; a veces, incluso después de un largo período. Yo mismo me sané de una afección respiratoria después de trece años. Mi largamente anhelada sanidad llegó aproximadamente un año antes de publicar este libro. Reconozco que las «demoras» que aparecen en las Escrituras quizá hayan sido muy breves y no puedo explicar por qué la sanidad en la época actual a veces se retrasa tanto en ciertos casos. De todos modos, esas demoras no me impedirán seguir orando por la sanidad.

¿Tiene explicación que en casi todos los casos Jesús haya sanado a las personas en forma instantánea, mientras que en el día de hoy la mayoría de los enfermos se cura en forma gradual? Esto se debe en parte a la pureza del corazón del Señor: era uno con el Padre y podía ver claramente lo que él estaba haciendo. Además, el ministerio de sanidad de Jesús y sus discípulos estaba respaldado por mucha oración y ayuno. ¿Puede ser que nosotros no veamos más curaciones en forma instantánea porque nuestra comunión con el Padre no es tan íntima ni tampoco tenemos el poder que se obtiene mediante la oración y el ayuno?

La cantidad de sanidades que veo en la actualidad me alientan tremendamente; sin embargo, en la mayoría de los casos estas se producen de forma gradual. Es indudable que la sanidad instantánea existe; no obstante, por alguna razón, Dios ahora prefiere curar a las personas a través de un proceso que tiene lugar con el paso del tiempo. Para aquellos que sufren, la sanidad gradual es, sin duda, mejor que nada. Si así es como Dios decide obrar, debemos aceptarlo con gratitud.

Procuremos fortalecer nuestra unidad con el Padre. Busquemos tener un corazón puro, una mayor comunión con el corazón de Dios y dediquémonos a orar y ayunar para pedir por la sanidad divina. Creo que veremos obrar al Señor de manera poderosa.

OREMOS

Padre:

Reconozco que soy impaciente. Anhelo ver que tu poder se despliegue de forma vigorosa... en este preciso instante. Lucho para ser perseverante y fiel al orar por la sanidad cuando aparentemente no hay resultados. Señor, dame el fruto de la paciencia. Ayúdame a confiar en ti sin vacilar. Padre, también te pido que me bendigas a mí y a quienes me rodean dándonos vida y buena salud.

En el nombre de Jesús,
Amén.

A fin de obtener más preguntas de debate para grupos pequeños sobre este capítulo y otros recursos relacionados con la sanidad, visita www.wesleyan.org/gsh.

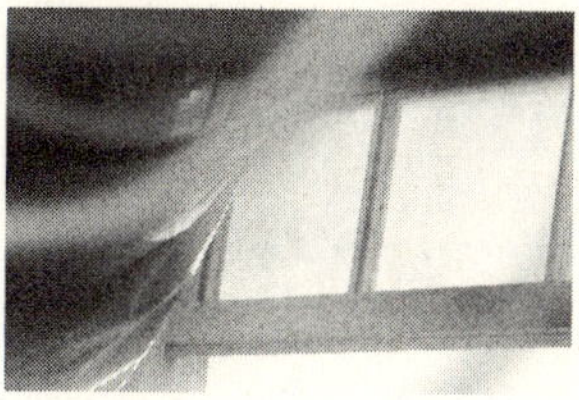

DIEZ

¿POR QUÉ ALGUNOS ENFERMOS NO SE SANAN?

A veces sencillamente no sabemos por qué algunas personas no se curan.

Cada vez que el pastor García iba a la oficina de correo se encontraba con uno o dos miembros de su iglesia. Por lo general, estos querían detenerse para charlar, lo cual significaba que salir a hacer trámites siempre llevaba un poco más de tiempo. Muchas veces terminaba orando por alguien en la ferretería o la plaza.

Justo cuando salía de revisar la casilla de correo, se encontró con Luisa Blanco.

—Luisa, estuve orando por tu mamá —dijo amablemente.

La anciana había estado luchando con el cáncer durante casi dos años.

Luisa no dijo nada. Luego se le llenaron los ojos de lágrimas.

García le puso la mano en el hombro y dijo:

—Es difícil, ¿no?

Se hizo una pausa.

—Espero que no te moleste, Luisa, pero me gustaría orar por tu mamá ahora mismo. ¿Te parece bien?

Luisa hizo un esfuerzo para que le salieran las palabras, porque le resultaba casi imposible controlar sus emociones.

—No, pastor —respondió tartamudeando—. Ya no hace falta... mi mamá falleció.

—Cuánto lo siento —dijo García.

—No se preocupe, pastor —respondió Luisa mientras se secaba las lágrimas—. Supongo que Dios quería que estuviera con él más que con nosotros y por eso se la llevó.

¿Qué pasa con las personas que no se sanan? Si Dios continúa sanando, ¿por qué hay gente que *no* se cura? Por lo general, cuando hacemos esta pregunta, estamos pensando en alguien en particular: un padre, una esposa o un hijo. Es una pregunta muy personal porque todos hemos perdido seres queridos, y es probable que las personas que amamos se enfermen y mueran. ¿Por qué Dios no las sana?

Sería imposible considerar todos los casos de seres queridos que no son sanados; no obstante, la Biblia presenta algunos ejemplos claros y conocidos de personas que padecieron enfermedades y no se curaron o no lo hicieron de inmediato. Quizá estos ejemplos te hayan venido a la mente al considerar tu propia enfermedad o la de un ser querido. ¿Qué pasó con Job? ¿Y con Pablo? ¿Y con Timoteo? Sin duda, eran personas piadosas. Si alguien mereciera ser sanado, ellos serían candidatos. Sin embargo, no se curaron. ¿Por qué no?

Consideremos estos y otros casos. A medida que lo hagamos, descubriremos algunas ideas equivocadas en cuanto a la sanidad divina y aprenderemos que, a pesar de que algunas personas no se sanan, Dios continúa sanando y podemos seguir descansando confiados en su gracia. Comenzaremos con la historia de Job, porque este libro en particular de la Biblia expresa la interrogante que suele venir a la mente cuando nos preguntamos por qué las personas no se curan; por qué le ocurren cosas malas a gente buena.

JOB

El libro de Job no es solo un cuento. Este hombre fue una persona real que vivió en la tierra de Uz. Job era un hombre justo. Diversas traducciones de la Biblia emplean distintas palabras para describirlo, pero todos los traductores enfatizan que era una buena persona. Esto no significa que fuera intachable ni que nunca haya pecado. Simplemente quiere decir que su corazón estaba en comunión perfecta con Dios. Él era puro de espíritu.

Aun así, los problemas comenzaron a asediarlo. Tal vez recuerdes que el Enemigo le pidió permiso a Dios, y este se lo dio, para afligir a Job con una serie de tragedias. En primer lugar, perdió todas sus posesiones, y luego a sus hijos. En un mismo día todos fueron víctimas de una catástrofe. Más tarde, el propio Job fue atormentado con ampollas dolorosas que le salieron por todo el cuerpo. A pesar de que para Dios era un hombre intachable, padeció muchas cosas e incluso se enfermó.

Al principio del libro de Job encontramos una declaración que suelen repetir las personas que sufren. Sin embargo, este versículo bien conocido transmite un concepto bastante equivocado del Padre. Job amaba a Dios, pero no entendía cómo era en esencia, lo cual se demuestra con suma claridad en el resto del libro. Inmediatamente después de recibir la mala noticia sobre su familia, Job dice: «Desnudo salí del vientre de mi madre, y desnudo he de partir. El Señor ha dado; el Señor ha quitado. ¡Bendito sea el nombre del Señor!» (Job 1:21). Parte de esta idea se usa a menudo en los funerales y se reduce solo a algo como: «El Señor da, y el Señor quita».

¿Es verdad?

¿EL SEÑOR QUITA?

La Biblia es la Palabra de Dios inspirada. No obstante, algunos pasajes incluyen afirmaciones hechas por personas que no conocían la verdad y no describen las características de Dios. En este sentido, podemos decir que no todas las declaraciones que aparecen en la Biblia son ciertas. Recuerda que la Palabra de Dios incluye acciones, pensamientos y aseveraciones de muchas personas impías, incluso del Enemigo. No todos los que hablan en la Biblia son voceros divinos. Aun algunas personas piadosas, cuyas palabras están registradas en las Escrituras, dijeron cosas equivocadas (como veremos luego con respecto a Job). Algunas frases y conceptos están registrados para mostrarnos que *no* concuerdan con la forma de pensar de Dios. Por ejemplo, los amigos de Job hacen declaraciones descabelladas que sin duda no son ciertas. Al final del libro, Dios se presenta para corregirlos, ya que las palabras de ellos se oponían al pensamiento divino, en lugar de coincidir con él. Por lo tanto, el hecho de que Job declare esto no significa que el Señor quiere que lo aceptemos como verdadero.

A primera vista, la idea de que «Dios da y Dios quita» parece correcta. Parece encajar bien en un funeral, porque allí estamos tratando de aceptar la pérdida de un ser querido. A menudo formulamos la pregunta que se expresa en este capítulo: ¿Por qué algunas personas no se sanan? Resulta consolador creer que no se curaron porque Dios se las llevó. Sin embargo, piénsalo un instante. ¿Coincide esto con lo que sabemos acerca de Dios? Él es quien bendice y da vida. ¿Es Dios el que suele quitarles la vida a las personas buenas? ¿Puedes imaginártelo mirando a un grupo de sus hijos queridos y diciendo: «Veamos, me parece que le voy a quitar la vida a este»?

Consultar al médico o tomar medicamentos *no* significa negar la fe.

¿Quién introdujo las enfermedades y la muerte en la raza humana? No fue Dios. El que viene a robar, matar y destruir es el ladrón; Dios es el dador de la vida (ver Juan 10:10). Job sencillamente se equivocó al culpar a Dios de matar a personas inocentes. Esto es obra del Enemigo.

Hace muchos años perdí a una hermana a causa de una enfermedad y a un hermano en un accidente aéreo. Revisé algunas de las notas que les enviaron a mis padres por la muerte de sus hijos. Muchas contenían conceptos sumamente tiernos y expresados con la mejor de las intenciones, pero sencillamente estaban equivocados. Después de la muerte de mi hermana Janie, alguien envió una tarjeta que decía: «Ella era una rosa hermosa, y Dios extendió su mano desde el cielo y la cortó».

Sin embargo, yo no creo en esta afirmación. Vivimos en un mundo quebrantado y lleno de angustia, y esta angustia proviene del Enemigo. Dios no es quien les manda un dolor indecible a dos hermosos padres al quitarle la vida a un buen hijo. La muerte apareció por obra de Satanás; es la labor del Enemigo. Por cierto, antes del pecado de Satanás, la enfermedad y la muerte no existían. Dios creó un mundo que, originalmente, estaba libre de estas cosas. El Señor es el dador de buenas dádivas.

EL PODER DESTRUCTIVO DEL MIEDO

En Job 3:25-26, él dice: «Lo que más temía, me sobrevino; lo que más me asustaba, sucedió. No encuentro paz ni sosiego; no hallo reposo, sino solo agitación». Job era justo, pero no era perfecto; era un hombre sobresaliente que sin duda vivía una vida buena. No obstante, vivió hace mucho tiempo, mucho antes de la época de Cristo. De hecho, se cree que el libro de Job es el más antiguo de la Biblia. Todo esto significa que no tenía acceso a la revelación que se brindó después. Él no tenía el Antiguo Testamento para leer, y menos aun las palabras de Cristo. Por esa razón, su grado de comprensión de la verdad, en comparación con nosotros, era mínimo. Por lo tanto, cuando él dice: «Lo que más temía, me sobrevino», está reconociendo que lo invadió una sensación de miedo. La Biblia repite permanentemente cosas tales como: «No temas». El miedo es lo opuesto a la fe. El temor nos paraliza y permite que el enemigo se apodere de nuestras vidas. La fe libera al Espíritu de Dios para que obre a nuestro favor. Tal como nosotros hacemos a veces, Job permitió que el miedo lo venciera.

No permitas que el temor se apodere de ti. No vivas pensando que te va a pasar algo malo. Cuando lo haces, tu propio temor te está exponiendo al ataque del Enemigo. En lugar de eso, aléjate del temor y permite que te inunde la confianza que genera la fe.

¿DIOS LO MATÓ?

Otra afirmación de Job que se suele citar se encuentra en Job 13:15, donde dice: «¡Que me mate! ¡Ya no tengo esperanza!» Por lo general, este versículo se cita como una declaración de fe en momentos de adversidad. Es la frase favorita de muchas personas piadosas, por lo tanto, reconozco que mis comentarios tal vez no caigan muy bien. Sin embargo, la premisa de esta afirmación de Job es incorrecta. Me refiero a las palabras: «Que me mate». Recuerda que Dios no es quien mata a los buenos. Sin duda, él puede quitarles la vida a los impíos, y algunos pasajes bíblicos respaldan este concepto. No obstante, Dios es el dador de la vida, y la da en abundancia a todos los que creen. Dios te ama. Más aun, *le agradas* y desea tu compañía. Él no viene para matarnos, sino para sanarnos. El Enemigo es el que causa el daño, la angustia y la muerte. Por lo tanto, la declaración de Job habría sido mucho más acertada si hubiese dicho algo así: «A pesar de que el enemigo ha destruido mi familia y me ha causado un gran dolor, seguiré confiando en Dios y creyendo que me librará, porque sé que me ama».

Al final del relato, Dios se presenta para desafiar a Job, y este reconoce que no sabía lo que decía (Job 42:3). El que mata es el Enemigo; Dios es el dador de la vida.

JOB SE DA CUENTA DE SU ERROR

Recuerda que estamos considerando la pregunta: «¿Por qué hay personas que no se sanan?» La historia de Job suele usarse para respaldar el argumento de que Dios ciertamente quiere que algunas personas se enfermen. El razonamiento es el siguiente: Si Dios hizo que Job se enfermara, también debe querer que algunos estén enfermos. Esta era, básicamente, la línea de pensamiento que tenían los tres «consoladores» de Job, los amigos que fueron a aconsejarlo por los problemas que tenía. El consejo se reduce a esto: Es evidente que hiciste algo terriblemente malo; de lo contrario, Dios no te castigaría haciendo que te enfermes. Haz lo correcto y confiesa tu pecado entonces Dios te va a sanar.

La respuesta de Job a sus amigos resalta tres cosas. De hecho, Job dice: (1) Dios no escucha mi clamor por ayuda; (2) no hice nada malo, pero Dios igualmente me persigue; y (3) no es justo que Dios permita que los malvados prosperen. Job estaba sufriendo muchísimo, y es probable que todos hayamos sentido lo mismo frente a su sufrimiento. Quizá ahora te sientas así y te parezca que Dios no es justo.

Mientras Job y sus amigos discuten, lo cual se narra a lo largo de treinta y siete capítulos del libro, Dios permanece en silencio. Por último, habla, y su respuesta se puede resumir básicamente en dos puntos: (1) Yo tengo el control de todo, y (2) tú no. Irónicamente, Dios no se ocupa de la pregunta original que habían hecho Job y sus amigos: «¿Por qué pasó esto?» En cambio, afirma que él es el único soberano y que sus decisiones son incuestionables.

En ese momento, Job se da cuenta de su error y dice: «¿Qué puedo responderte, si soy tan indigno? ¡Me tapo la boca con la mano! Hablé una vez, y no voy a responder; hablé otra vez, y no voy a insistir» (Job 40:4-5). Job tuvo la suficiente humildad como para estar dispuesto a reconocer que se había equivocado al culpar a Dios por el sufrimiento del mundo. ¿Estamos dispuestos a hacer lo mismo?

JOB COMIENZA A ENTENDER

Job continúa diciendo: «Yo sé bien que tú lo puedes todo, que no es posible frustrar ninguno de tus planes. "¿Quién es éste —has preguntado—, que sin conocimiento oscurece mi consejo?" Reconozco que he hablado de cosas que no alcanzo a comprender, de cosas demasiado maravillosas que me son desconocidas. "Ahora escúchame, que voy a hablar —dijiste—; yo te cuestionaré, y tú me responderás". De oídas había oído hablar de ti, pero ahora te veo con mis propios ojos. Por tanto, me retracto de lo que he dicho, y me arrepiento en polvo y ceniza» (Job 42:2-6). De manera increíble, Dios le devolvió a Job todo lo que había perdido: posesiones, siervos, una nueva familia, todo. Por cierto, al final de su vida, Job duplicó la riqueza que tenía al principio de la historia. Fue como si Dios hubiese dicho: «Ahora que te diste cuenta de que no tengo intenciones de hacerte mal, déjame mostrarte cuán amoroso y generoso soy».

VEMOS LA MISERICORDIA DE DIOS

Muchos usan el libro de Job para sostener que Dios quiere que algunas personas estén enfermas. Sin embargo, las Escrituras nos dicen que no es así. Uno de los principios esenciales para interpretar la Biblia es permitir que ella se interprete a sí misma. Por esa razón, el libro de Santiago nos aclara cómo interpretar Job, ya que comenta sobre él. Santiago era el hermano de Jesús que se convirtió en líder de la iglesia de Jerusalén. Él escribió: «En verdad, consideramos dichosos a los que perseveraron. Ustedes han oído hablar de la perseverancia de Job, y han visto lo que al final le dio el Señor. Es que el Señor es muy compasivo y misericordioso» (Santiago 5:11). Santiago considera que la historia de Job es una imagen de la compasión y la misericordia de Dios. El Señor no quiere que sus hijos sufran. Más bien, los capacita para perseverar frente a la avalancha de ataques del Enemigo. Lejos de decir que Dios es quien les causa dolor a sus hijos, el libro de Job muestra claramente que él es el dador de buenas dádivas.

¿En cuanto Job comenzó a atravesar estas duras experiencias Dios se presentó? No, no fue así. Si nos encontráramos en la misma situación que Job, lo más probable es que nos sintiéramos como él y nos preguntáramos dónde está Dios. No obstante, Dios siempre se hace presente, y cuando lo hace, nos demuestra compasión. Job nos enseña que el Señor es un Dios de misericordia.

PABLO

Veamos otro ejemplo bíblico: el apóstol Pablo. Él fue el primer gran misionero de la fe cristiana y un líder destacado de la iglesia primitiva. Sus escritos constituyen la mayor parte del Nuevo Testamento. Aun así, tuvo que lidiar con un problema grave. En 2 Corintios 12, Pablo dice que sufría de «una espina … clavada en el cuerpo». Escribió lo siguiente:

> Para evitar que me volviera presumido por estas sublimes revelaciones, una espina me fue clavada en el cuerpo, es decir, un mensajero de Satanás, para que me atormentara. Tres veces le rogué al Señor que me la quitara; pero él me dijo: «Te basta con mi gracia, pues mi poder se perfecciona en la debilidad». Por lo tanto, gustosamente haré más bien alarde de mis debilidades, para que permanezca sobre mí el poder de Cristo. Por

> eso me regocijo en debilidades, insultos, privaciones, persecuciones y dificultades que sufro por Cristo; porque cuando soy débil, entonces soy fuerte (2 Corintios 12:7-10).

Todos coinciden en que la frase *espina en el cuerpo* se usa en sentido metafórico; sin embargo, no concuerdan en cuanto a su significado. Por años, algunos sostenían que la espina en el cuerpo era una enfermedad crónica que padecía el apóstol. No obstante, en las Escrituras no hay ningún indicio de que sea así. Otros piensan que la «espina» se refería a un problema que Pablo tenía en la vista. ¡Tal vez la teoría más inusitada es que el término aludía a la suegra del apóstol! Este término tiene muchas interpretaciones; sin embargo, la Biblia no da ningún indicio de que fuera una enfermedad.

LA «ESPINA» NO ES UNA ENFERMEDAD

Recuerda que Pablo era judío. Él entendía y sin duda empleaba figuras del lenguaje tomadas de la cultura hebrea. Todas las culturas tienen expresiones idiomáticas particulares. Por ejemplo, cuando decimos que el sol sale por la mañana, no insinuamos que la tierra sea plana, porque sabemos que, en sentido literal, el sol no se eleva, sino que la tierra rota. Cuando decimos esa frase, estamos usando una figura retórica, un dicho. Al referirse a la espina en el cuerpo, Pablo hacía lo mismo.

Ahora bien, ¿a qué se refería? Una frase similar aparece tres veces en el Antiguo Testamento: Números 33:55; Josué 23:13; y Jueces 2:3. En cada caso, la expresión alude a las personas impías y malintencionadas que tratan de detener la obra de Dios. Entonces, en 2 Corintios 12, Pablo usa el mismo término, *espina*, y agrega esta expresión: «un mensajero de Satanás». Pablo toma una figura del lenguaje de su cultura judía (la espina clavada en el cuerpo) para referirse a una persona impía que se oponía a la obra de Dios. Para enfatizarlo aun más, agrega que esa «espina» es un mensajero de Satanás. Por lo tanto, este pasaje *no* indica que Pablo padecía una enfermedad física, sino que enfrentaba oposición de parte de personas malvadas. Además, otros escritos de Pablo lo confirman. Él habla muy a menudo de gente que se oponía al mensaje lleno de gracia del evangelio, e incluso en una ocasión los llamó «perros» (Filipenses 3:2).

Dado que muchos interpretan que el término *espina* significa *enfermedad*, por lo general se cree que la respuesta que Dios le dio a Pablo («Te basta con mi gracia») en realidad significa algo así: «No tires la toalla y sigue luchando contra esta enfermedad». Sin embargo, si después de todo esta espina no es una enfermedad, el consejo de Pablo debe referirse a otra cosa. En el contexto de la oposición al evangelio, ¿qué quiere decir Dios con: «Te basta con mi gracia»? ¿Qué significa gracia? Es la disposición de Dios para desplegar su poder a nuestro favor. Por esta razón, lo que en realidad le está diciendo a Pablo debería interpretarse de la siguiente manera: «Pablo, tú conoces mejor que nadie el poder que he desplegado a tu favor. *Tú mismo* toma ese poder, y *tú mismo* ponle freno a lo que el Enemigo está haciendo».

PABLO SOLICITA LA GRACIA DE DIOS

Pablo responde al consejo de Dios con el lenguaje correspondiente a una antigua ceremonia conocida como «el corte del pacto». Cuando un rey y un esclavo celebraban un contrato, compartían los recursos. Todo lo que el acaudalado rey tenía se ponía a disposición del esclavo pobre. En realidad, lo que Pablo dijo con esas palabras fue: «Me voy a regocijar en mi debilidad porque sé que estoy asociado con Dios. ¡Por lo tanto, aunque soy débil, me apropio de *su* fortaleza!» Pablo sabía que para Dios no hay nada imposible. Por lo tanto, las palabras que emplea en 2 Corintios 12 no indican que decidió aceptar pasivamente la derrota en esa área, sino que se aseguraba la victoria mediante el poder de Dios.

Nosotros también podemos hacerlo. Recuerda que las enfermedades son obra del Enemigo, por lo tanto, dan oportunidad de que Dios despliegue su gracia. Aunque en este caso Pablo no estaba enfermo, nos mostró que podemos requerir el poder del Señor para luchar contra el Enemigo. Cuando oramos por sanidad, estamos haciendo exactamente lo mismo. Es interesante observar que ningún pasaje del Nuevo Testamento dice que debemos contactar a

Dios para que él haga que el diablo nos deje tranquilos. Al contrario, este enseña que *nosotros* debemos solicitar la autoridad divina para ahuyentar a Satanás cuando nos acosa.

TIMOTEO

Veamos otro ejemplo bíblico: Timoteo. Este joven colaborador de Pablo estaba enfermo. Sabemos que tenía problemas estomacales porque el apóstol le escribió y le dijo: «No sigas bebiendo solo agua; toma también un poco de vino a causa de tu mal de estómago y tus frecuentes enfermedades» (1 Timoteo 5:23). Por esta razón, se le indicó a Timoteo que usara el vino como medicina.

Timoteo era pastor. Las imágenes que nos hacemos de la iglesia primitiva suelen incluir aspectos relacionados con las persecuciones. En realidad, los creyentes de aquellos primeros tiempos fueron muy perseguidos; por lo tanto, la idea que tenemos de la incipiente iglesia es la de un grupo de personas dispersadas y escondidas en las catacumbas. Sin embargo, Timoteo fue pastor durante los mejores años de la iglesia primitiva. En la ciudad de Tesalónica había aproximadamente veinte mil cristianos. Además, en aquellos tiempos, cuando la iglesia todavía no se había dividido en tantas denominaciones, todos los creyentes de una ciudad formaban parte de una sola congregación. Y Timoteo fue pastor en Tesalónica y en Éfeso antes de cumplir treinta años.

En las cartas de Pablo se menciona otro pastor: Tito. Timoteo y Tito eran como el día y la noche. Tito era un líder valiente y enérgico que podía enfrentarse con cualquier problema y nada lo intimidaba. Por el contrario, Timoteo tenía un temperamento más tímido. Tito y Pablo siempre lo alentaban para que siguiera adelante. Le costaba mucho cumplir con su labor, así que es comprensible que el estrés le haya causado problemas estomacales. ¡Y créeme, si tienes que pastorear una iglesia de unas veinte mil personas o más, seguro que te vas a estresar!

En aquellos tiempos, el vino se solía usar como medicina; por eso Pablo instó al joven a que tomara un poco para que le aliviara el estómago. Fue un buen consejo decirle a Timoteo que se sometiera al tratamiento que existía para su enfermedad. Sin embargo, no significaba que Dios *quisiera* que el joven pastor estuviera enfermo. Simplemente, Pablo se dio cuenta de que los problemas que uno enfrenta en la vida pueden afectar el cuerpo. En realidad, el apóstol estaba diciendo: «Timoteo, toma el remedio».

¿Qué dicen las Escrituras sobre los tratamientos médicos? Si consultas a un doctor o tomas medicamentos, ¿quiere decir que te falta fe? Si tomas una aspirina, ¿estás admitiendo que Dios no te puede curar? ¡Por supuesto que no!

Démosle un vistazo a la historia que aparece en 2 Crónicas 16:12 referente al rey de Judá llamado Asa. Este hombre se enfermó; tenía un problema en los pies, y en lugar de confiar en Dios, recurrió a los médicos. Algunos usan este texto para decir que si confías en Dios, no debes consultar al médico. Sin embargo, si observamos la historia con más detalle, se ponen de manifiesto dos cosas. En primer lugar, los médicos a los que consultó Asa participaban de brujerías. Consultar a alguien que practica el ocultismo no tiene nada que ver con ir al médico. En segundo lugar, el problema no fue que Asa consultara a los médicos, sino que había colocado su confianza en ellos. Si bien podemos aceptar el consejo médico, no debemos depositar toda nuestra fe en lo que ellos dicen. De hecho, cuando voy al doctor, suelo hacer una oración como esta: «Señor, te pido que le muestres al médico cosas que quizá ni siquiera haya aprendido en la universidad. Ayúdalo a que me ayude». También pido que tenga un corazón compasivo, como el de Dios, y que posea un discernimiento sobrenatural para interpretar los exámenes que me haya hecho. Oro de este modo porque sé que Dios es el que en realidad me sana, si bien a veces utiliza a los médicos para concretarlo.

No tiene nada de malo que los cristianos tomen medicamentos ni que consulten a un médico. Hacerlo no significa negar la fe. El hecho de que Pablo le dijera a Timoteo que tomara un poco de vino a causa de su problema estomacal no significa que Dios quería que el joven estuviera enfermo ni que no tuviera intenciones de sanarlo. Era simplemente un buen consejo de parte de un apóstol experimentado a su joven amigo. Hay un indicio de que Jesús usó una especie de «medicamento». En el mundo antiguo, a veces se creía que la saliva tenía propiedades curativas. Por esta razón es importante observar que en una ocasión el Señor usó saliva para llevar a cabo un milagro (ver Juan 9:6). La idea clave es la siguiente: no hay ningún conflicto entre creer en el poder sanador de Dios y recurrir a la ciencia médica para sanarnos, ya que a veces lo que nos cura es la medicina. Nunca permitas que alguien te haga sentir culpable por tomar los medicamentos apropiados o consultar a médicos capacitados. Hacerlo no significa que dudes del poder sanador de Dios.

TRÓFIMO

Aunque menos conocido, Trófimo es otro ejemplo bíblico de alguien que padecía una enfermedad. Era colaborador de Pablo, y en 2 Timoteo 4:20 está registrado que en una ocasión el apóstol no lo llevó con él porque estaba enfermo. ¿Por qué Pablo no sanó a Trófimo y continuaron juntos el viaje? ¿Podemos sacar la conclusión de que Dios quizá quería que se enfermara? No, ya que el contexto indica que Pablo lo dejó en Mileto porque simplemente estaba exhausto. La palabra que en este pasaje se traduce *enfermo* también se puede traducirse *agotado*. Cuando nos esforzamos demasiado, podemos padecer un sinfín de problemas físicos, y esto parece ser lo que sucedió en este caso. El agotamiento de Trófimo no significa que Dios quiere que la gente se enferme.

EPAFRODITO

En Filipenses 2:26-27, Pablo menciona que Epafrodito, un fiel colaborador suyo, estaba enfermo. No obstante, casi de inmediato agrega que Dios tuvo compasión de él. El pasaje dice: «Él los extraña mucho a todos y está afligido porque ustedes se enteraron de que estaba enfermo. En efecto, estuvo enfermo y al borde de la muerte; pero Dios se compadeció de él, y no solo de él sino también de mí, para no añadir tristeza a mi tristeza». El fundamento de la sanidad es la compasión (la misericordia). La enfermedad de Epafrodito no indica que Dios quiere que la gente esté enferma, sino que él las sana.

NUESTROS SERES QUERIDOS

Hemos considerado varios ejemplos bíblicos de enfermos; sin embargo, para la mayoría de la gente, este tema es una cuestión personal. La verdadera pregunta no es: «¿Qué pasó con Job?» o «¿Cómo fue el asunto con Timoteo?», sino «¿Qué sucede con mi hijo, mi madre o mi esposa?» Es probable que todos conozcamos personas que lucharon con distintas enfermedades y no sanaron. Esto es lo que nos destroza el corazón y hace que nos formulemos esta pregunta de forma personal: «¿Qué pasa con mis seres queridos?», «¿Dios quería que se enfermaran o murieran?»

Debemos tener presente que Dios es un Dios de misericordia, un Dios que nos ama y desea darnos buenas dádivas. La historia de Job lo comprueba. La experiencia de Pablo lo confirma, así como también el informe sobre Epafrodito. Dios quiere que gocemos de buena salud, y siempre nos decepcionaremos cuando algunos no se sanen.

Yo mismo he padecido enfermedades. De hecho, en medio de un estudio sobre la sanidad, sentí un dolor en la espalda. Una tomografía axial computarizada (TAC) reveló que se había producido la ruptura de un disco intervertebral. Yo también me he preguntado: ¿Por qué Dios no me cura? ¿Quiere que sufra?

Mi experiencia, sumada al estudio de las Escrituras, me ha enseñado que el hecho de que Dios no me sane no significa que él sea el causante de mi enfermedad. También descubrí que no necesito defender a Dios, como si a él le hiciera falta un agente de relaciones públicas. Eso fue hace mucho tiempo. Ahora digo: «Dios, no entiendo todo lo que pasa; es un misterio para mí. De todos modos, sigo adelante por tu compasión y misericordia».

> No es necesario defender a Dios cuando alguien no se sana por acción divina. Dios no necesita abogado.

Seguimos orando por los enfermos, y seguimos creyendo que Dios quiere que se sanen; pero por ahora, reconocemos que no sabemos todo lo que hay que saber sobre la gracia de Dios ni por qué algunas personas no se curan y otras no lo hacen de inmediato. Recuerda el encuentro de Jesús con el ciego que se relata en Juan

9:1-3. Los discípulos le preguntaron al Señor quién había pecado para hacer que este hombre naciera ciego, si él mismo o los padres. Cometieron el error de asumir que la ceguera había sido causada por Dios. En realidad, aunque la enfermedad había sido provocada por el Enemigo, se convirtió en una oportunidad de que el poder de Dios se manifestara a través de la sanidad, lo cual hizo que el Señor fuera glorificado.

Quizá nunca sepamos por qué algunos no se sanan, pero sí sabemos esto: Nuestro Dios es un Dios de amor, misericordia y compasión, y nuestro sufrimiento es una oportunidad para que su gloria se manifieste.

OREMOS

Padre:

Te agradezco por la vida que me regalaste. Te pido que me ayudes a valorar esta vida terrenal mientras dure, y que me prepares para la eternidad contigo. Desearía que esta vida durara para siempre, pero sé que no es tu plan. Te agradezco por mis amigos, mi familia y las valiosas relaciones interpersonales que disfruto en este momento; y me gozo al pensar que voy a volverme a reunir con mis seres queridos que ya están en el cielo. Tú eres el dador de la vida, y te alabo.

En el nombre de Jesús,

Amén.

A fin de obtener más preguntas de debate para grupos pequeños sobre este capítulo y otros recursos relacionados con la sanidad, visita www.wesleyan.org/gsh.

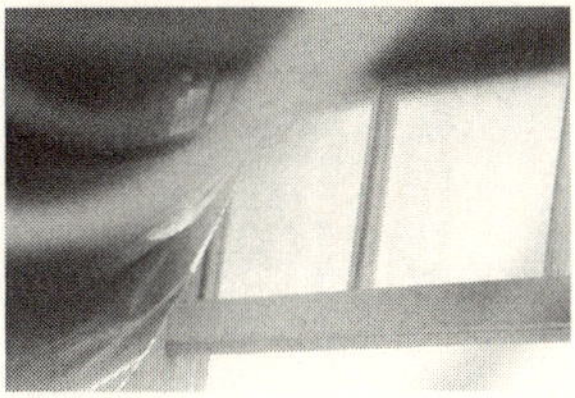

TERCERA PARTE

EXPERIENCIAS DE SANIDAD

ONCE

¿CÓMO EXPERIMENTO LA SANIDAD DIVINA EN MI VIDA?

Ser perdonados y perdonar es el primer paso para que el poder de Dios se despliegue en nuestras vidas.

«¿Qué puedo hacer para que no me vea?», pensó Lucía cuando vio que Julieta se le acercaba en el mercado. «Se queja todo el tiempo».

Cuando Julieta se accidentó, Lucía lo lamentó mucho, pero después de dos meses de escucharla quejarse todo el tiempo del dolor de espalda, lo único que quería era no verla.

Sin embargo, antes de que pudiera escaparse por el otro pasillo, Julieta la vio. Lo sorprendente fue que estaba toda sonriente y caminaba como si estuviera en el aire.

—¡Lucía! —exclamó Julieta—. No vas a creer lo que pasó. Se me curó la espalda.

—¡Cuánto me alegro! —dijo Lucía—. Tú quiropráctico debe ser grandioso.

—No fue el quiropráctico, fue Dios... todo obra de Dios. Él me sanó.

Lucía la miró extrañada.

—Fue asombroso —continuó Julieta—. La otra noche, unas personas fueron a mi casa a orar para que me sanara. En un momento, una de ellas me preguntó si tenía algún problema en mi vida espiritual. Entonces me di cuenta de que tenía mucha rabia contra el conductor del automóvil que me atropelló.

—¿Y qué pasó? —preguntó Lucía.

—Fui y le escribí una carta. Le dije que lo perdonaba por lo que había pasado. Al día siguiente, el grupo de oración volvió a mi casa y... el dolor se me había ido.

—¡Qué grandioso! —dijo Lucía, mientras se secaba las lágrimas—. ¡Me alegro tanto de volver a verte sonreír!

Si Dios quiere que estemos sanos, ¿por qué se enferman algunas personas? Es una buena pregunta. Sin duda, Dios el Padre puede hacer todo lo que quiera. Si puede dividir el Mar Rojo, calmar la tormenta y resucitar a Jesús de los muertos, con toda seguridad puede curar el cáncer, la diabetes o el SIDA, sin embargo, ¿por qué no siempre lo hace?

He descubierto que si bien Dios siempre quiere que gocemos de buena salud (él es un Padre celestial amoroso), hay varias razones por las que algunas personas no se curan o no lo hacen de inmediato. En casi todos los casos, esas razones (yo las denomino *estorbos*) suelen ser cosas que podemos controlar. Recuerda cómo obra Dios en nuestras vidas. Él obra en nosotros en la medida en que obedecemos su voluntad. Por lo tanto, hay varias maneras en que nuestras acciones y actitudes afectan la sanidad divina. En cuanto despejamos el estorbo o los estorbos, cualquiera sean, estamos en mejores condiciones de recibir la dádiva divina de la sanidad.

A propósito, aquí no estoy hablando de leyes; es decir, de cosas que siempre actúan del mismo modo, como la ley de gravedad: lo que sube *siempre* baja. Esa es una ley que no puede fallar. En este caso, me estoy refiriendo a los principios, las pautas que nos muestran cómo obra Dios habitualmente. Estos principios no garantizan la sanidad; sin embargo, cuando vivimos en función de ellos, es mucho más probable que experimentemos esta dádiva que Dios ofrece.

El primer estorbo se relaciona con nuestra capacidad de reconocer la necesidad que tenemos de sanidad interior previa a la curación física. La primera vez que escuché esto fue de labios de John Wimber. Él y otras personas que oraban por los enfermos habían aprendido este importante principio: nuestro espíritu debe ser sanado antes de poder experimentar la sanidad del cuerpo. Además, esa sanidad espiritual depende de nuestra capacidad de perdonar y ser perdonados.

LO ESPIRITUAL ANTES DE LO FÍSICO

¿Qué significa la frase *sanidad interior*? La sanidad interior se refiere a la necesidad que tenemos de ser curados de conflictos del corazón que no han sido solucionados y suelen vincularse principalmente con la falta de perdón, el resentimiento o la amargura. Una segunda área de conflicto tiene que ver con nuestra sexualidad. A menudo se necesita sanidad interior cuando hemos sido los causantes o las víctimas de actividades sexuales inapropiadas. Algunos ejemplos de esto son el adulterio, la violación y el acoso sexual. Estas situaciones generan un espíritu quebrantado y dañado, en especial en las víctimas. La experiencia demuestra que el espíritu herido suele necesitar sanidad antes de que pueda producirse la recuperación física.

Jesús a veces se ocupaba de resolver temas espirituales antes de ocuparse de lo físico. Un ejemplo de esto se encuentra en Lucas 5:20, donde se registra un incidente en el cual unas personas llevaron a un hombre para que Jesús lo sanara. El texto dice lo siguiente: «Al ver la fe de ellos, Jesús dijo: "Amigo, tus pecados quedan perdonados"». Recuerda que al hombre no lo habían llevado para que el Señor lo perdonara, sino que era paralítico y como no podía caminar, necesitaba sanarse. Sin embargo, Jesús no se ocupó en primer lugar de la dolencia física, sino que comenzó a tratar el área espiritual del hombre y solo después pasó

> La sanidad interior casi siempre precede a la recuperación física.

al ámbito físico y le sanó las piernas. Ante todo, Jesús se concentró en el problema espiritual interno y luego trató la dificultad física.

Otro ejemplo del efecto de las necesidades espirituales en la sanidad del cuerpo se encuentra en Lucas 9:42, donde se registra un caso en el cual Jesús sanó a un muchacho. La Biblia dice: «Estaba acercándose el muchacho cuando el demonio lo derribó con una convulsión. Pero Jesús reprendió al espíritu maligno, sanó al muchacho y se lo devolvió al padre». En esta ocasión, Jesús vio que el muchacho necesitaba ser liberado de la posesión demoníaca y también ser sanado físicamente. Una vez más, el Señor decide ocuparse del problema espiritual (la liberación) antes del físico. Por esa razón, Jesús reprende en primer lugar al espíritu y luego sana al muchacho. La sanidad espiritual nuevamente precede a la curación física.

La clave fundamental para que el poder sanador de Dios se despliegue en nuestras vidas es solucionar las afecciones espirituales. A menudo esto se vincula principalmente con el tema de perdonar y ser perdonados.

EL PODER DEL PECADO NO CONFESADO

Todos hemos sido contaminados por el pecado. Ese pecado, ya sea que lo hayamos cometido nosotros o nos lo hayan causado otros, debe ser perdonado. Necesitamos ser perdonados de los pecados que cometemos y perdonar a los que nos dañaron. Cuando no perdonamos ni somos perdonados, nuestra vida se llena de amargura; nos convertimos en personas heridas. Esto es particularmente cierto cuando el pecado tiene que ver con la sexualidad.

Significa que, cuando recurrimos a Dios para que nos sane el cuerpo, él considera que necesitamos ayuda espiritual… ¡y sin duda es así! En general, Dios desea tratar en primer lugar nuestras necesidades espirituales, ya que estas son mucho más profundas y, en definitiva, más importantes que nuestro estado físico. Por esa razón, cuando el Espíritu Santo comienza a recomponernos, lo primero que hace es aplicar su poder sanador a nuestro espíritu. Él sana nuestras necesidades internas.

Por eso, la falta de perdón bloquea la recuperación física. Donde no hay perdón, no puede haber sanidad interior; y donde no hay sanidad interior, no puede haber sanidad física. La falta de perdón es como una pared: cuando se levanta, esconde en el interior la actividad del Enemigo e impide que el Espíritu Santo llegue al corazón. Para recibir la dádiva de la sanidad física, es esencial perdonar y ser perdonados, a fin de echar abajo la pared que detiene la labor del Espíritu en nuestro interior.

EL GRAN PODER DEL PERDÓN

Si la falta de perdón es una pared, el perdón es como una bola de demolición, ya que destruye la barrera que impide la obra del Espíritu. Cuando hay perdón, la actividad demoníaca no tiene espacio para actuar en nuestras vidas; quedamos expuestos a la labor divina, la cual incluye su poder sanador.

Aquí tenemos un ejemplo. En 1983, comencé a investigar minuciosamente el tema de la sanidad divina y me dediqué a pasar un tiempo junto a personas que lo entendían mucho más que yo. Los escuchaba y observaba cómo la llevaban a cabo. En una ocasión, estaba con un grupo que oraba por un joven endemoniado. Eran aproximadamente doce personas. Se trataban del caso más grave de posesión demoníaca que había visto en mi vida, y se manifestaba exteriormente de manera extraña y desagradable. Hacíamos una oración tras otra, pero parecía que no avanzábamos mucho. Desde luego, yo era un novato que solo intentaba participar en lo que hacían los demás.

Después de un rato, alguien sugirió que llamaran a una joven llamada Becky que tenía experiencia en cómo tratar con personas endemoniadas. Ella entró en la habitación y dijo: «Siéntense todos y no hablen». Hicimos lo que pidió. Luego preguntó: «¿Cuánto hace que están orando?» Le dijimos que durante un par de horas. «¿Y qué pasó?», preguntó. Sentimos vergüenza al tener que reconocer que el estado del hombre había empeorado.

Becky miró al hombre, que se encontraba en un estado de agonía evidente, y le dijo: «No hay manera de que estos demonios puedan resistir el poder de Jesús a menos que tengas alguna especie de barrera en tu vida que les permita hacerlo». Entonces hizo algo que nos sorprendió a todos. A nosotros nos indicó que nos fuéramos, y al hombre endemoniado le dijo: «Vete a tu casa y piensa si hay algún área de tu vida relacionada con el perdón o alguna impureza que permita que los demonios se apoderen de ti de esta manera. Pídele a Dios que te lo muestre y deja que te hable. Si él te revela algún pecado, confiésalo y pídele que te perdone. Luego regresa aquí, y nos ocuparemos del asunto».

Al día siguiente, el hombre volvió y fue liberado después de unas pocas oraciones. «¿Qué pasó?», le pregunté. «¿Qué te sucedió mientras orabas en tu casa que permitió que Becky pudiera orar hoy por ti con tanta facilidad?» Me contó su historia con toda sinceridad: había descubierto en su corazón pecados no confesados y le había pedido perdón a Dios. Además, había hecho varias llamadas telefónicas para pedirles perdón a algunas personas que había ofendido. Ese acto de confesión había abierto el camino para su sanidad espiritual.

Cuando purificamos nuestros corazones al confesar pecados ocultos y deshacernos de la amargura y el resentimiento, ponemos de manifiesto todos los lugares donde se esconde el Enemigo. Cuando se echan abajo las paredes y el Enemigo no tiene dónde ganar terreno en nuestras vidas, el Espíritu Santo puede actuar con toda libertad. Y cuando nos ponemos completamente a disposición del Espíritu, podemos ser sanados. La sanidad espiritual tiende a anticiparse a la recuperación física; por eso, perdonar y ser perdonados es vital para recibir la dádiva de la sanidad divina.

El pecado no confesado bloquea el acceso del poder de Dios, incluso su poder para sanar.

PERDONAR Y SER PERDONADOS

Esta es la clave de todo el asunto. Hay dos etapas: una es ser perdonado y la otra es perdonar. En primer lugar, hablemos de ser perdonados. Cuando Dios te perdona, esta acción le da integridad a tu vida. Somos seres destruidos, pero vamos camino a ser sanados, a recibir la sanidad que tenemos en Cristo Jesús.

En Apocalipsis 12:10, las Escrituras declaran que somos libertados del pecado: «Luego oí en el cielo un gran clamor: "Han llegado ya la salvación y el poder y el reino de nuestro Dios; ha llegado ya la autoridad de su Cristo. Porque ha sido expulsado el acusador de nuestros hermanos, el que los acusaba día y noche delante de nuestro Dios"».

Es cierto que el Enemigo sigue rondando por la tierra buscando a quién devorar, pero la verdad es que la batalla ya ha sido ganada. En la cruz de Jesucristo, Satanás fue condenado a muerte. Él sabe que va a ser destruido. Tú tienes ahora el poder de Cristo en tu interior para rechazar las acusaciones del Enemigo. Puedes ser perdonado de tu pecado por la fe en Jesucristo. Cuando recibes ese perdón, el poder de Dios se libera en tu interior.

La segunda etapa del proceso es perdonar a los demás. En una ocasión, Jesús relató una parábola acerca de un siervo que no perdonó una deuda y fue castigado con severidad. El Señor dijo: «Así también mi Padre celestial los tratará a ustedes, a menos que cada uno perdone de corazón a su hermano» (Mateo 18:35). En el Sermón del Monte, Jesús nos enseñó a orar. En esa oración modelo, el Padre Nuestro, nos indicó que oráramos de la siguiente manera: «Perdónanos nuestras deudas, como también nosotros hemos perdonado a nuestros deudores». Luego, en los versículos siguientes agregó: «Porque si perdonan a otros sus ofensas, también los perdonará a ustedes su Padre celestial. Pero si no perdonan a otros sus ofensas, tampoco su Padre les perdonará a ustedes las suyas» (Mateo 6:14-15).

El asunto es así: debemos perdonar a los demás para que el poder de Dios pueda actuar libremente en nuestras vidas. La sanidad interior precede a la curación del cuerpo. ¿Quiere decir esto que cuando una persona no se sana se debe a que tiene pecados sin confesar o que no ha perdonado a los demás? No, para nada. Puede haber muchas razones por las que una persona no se cura. No obstante, las Escrituras enseñan claramente que la sanidad interior se produce antes de la física.

¿Has recibido plenamente la sanidad interior que tienes a disposición?

DECLAREMOS NUESTRA IDENTIDAD

Cuando nos examinamos el corazón para ver si tenemos pecados sin confesar o necesitamos perdonar a alguien, quitamos el estorbo que impide que Dios nos sane; un estorbo o pared detrás de la cual se esconde el Enemigo. Sin embargo, sería un error obsesionarse con el tema de los demonios y su presencia en nuestras vidas. Es necesario que concentremos nuestra mente en Cristo, no en el Enemigo.

Recuerda que en Lucas 10, cuando Jesús envió a los setenta y dos discípulos, les dijo que expulsaran demonios y sanaran enfermos, y eso fue exactamente lo que hicieron. Cuando estos discípulos regresaron, estaban eufóricos por el poder que habían tenido sobre el Enemigo. Entonces, el Señor les respondió: «Sin embargo, no se alegren de que puedan someter a los espíritus, sino alégrense de que sus nombres están escritos en el cielo» (Lucas 10:20). En otras palabras, Jesús les estaba diciendo: «¡No se entusiasmen porque tienen poder sobre los demonios, sino entusiásmense ante su identidad como hijos de Dios!» Nuestra relación con Cristo debe ser el centro de nuestra vida espiritual. Sería un error obsesionarse con la obra del Enemigo.

Por lo tanto, examina tu corazón para comenzar a abrir un camino hacia la sanidad divina. Analízate para ver si hay amargura o enojo, o si es necesario que perdones a alguien. Fortalece tu relación con Dios a través de Jesucristo. Permite que tu comunión con él sea el epicentro de tus oraciones por la sanidad. Eres hijo de Dios por la fe en Jesucristo, y como tal, tienes derecho a recibir el regalo de la sanidad divina.

OREMOS

Padre:

Uno de los grandes deseos de mi corazón es tener buena salud. Sé que tú eres el dador de la vida, y creo que puedes desplegar tu poder salvador en mi vida en cualquier momento. Te pido que lo hagas ahora. Te alabo por tu bondad, tu compasión y tu misericordia. Te agradezco por haberme regalado la vida.

Te lo pido en el nombre de Jesús,

Amén.

A fin de obtener más preguntas de debate para grupos pequeños sobre este capítulo y otros recursos relacionados con la sanidad, visita www.wesleyan.org/gsh.

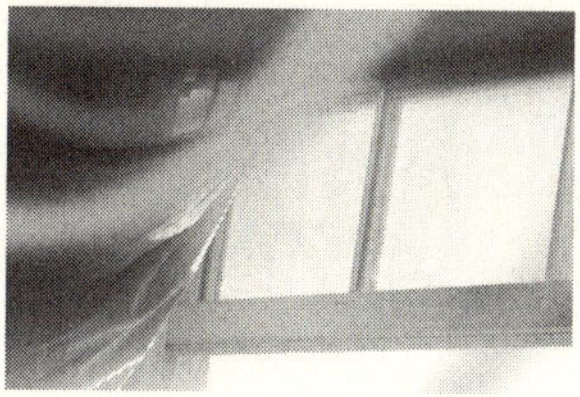

DOCE

¿ES CIERTO QUE EL PECADO PROVOCA ENFERMEDADES?

Algunas enfermedades se pueden atribuir de forma directa a los pecados que cometemos y a que vivimos en un mundo pecaminoso.

En cuanto Tomás entró por la puerta de la oficina, Jorge se dio cuenta de que algo andaba mal. Habían sido compañeros confidentes durante dos años y Jorge siempre sabía cuándo su amigo tenía algo en mente.

—Malas noticias —dijo Tomás con la voz temblorosa.

—¿Qué pasa? —le preguntó Jorge, mientras pensaba en un montón de cosas que posiblemente le diría Tomás.

—Acabo de recibir los resultados de los análisis. Tengo SIDA.

Jorge se quedó atónito.

—¿Que tienes qué? Pero... ¿cómo? Eso es imposible.

—No, sí es posible. Hace unos años metí la pata... —dijo Tomás y se puso a llorar.

Los dos hombres se sentaron en silencio durante unos minutos; no sabían qué decir.

Finalmente, Jorge habló y dijo:

—Creo que lo que debemos hacer primero es confesar el problema. Cuéntame lo que pasó.

—Tienes razón —respondió Tomás lentamente—. Lo tengo guardado adentro desde hace muchísimo tiempo.

Comencemos aclarando algo sumamente importante: Aunque consideremos la vinculación entre el pecado y la enfermedad, en la mayoría de los casos ellos *no se pueden* relacionar en forma directa. Por ejemplo, nunca le diríamos a una persona por la cual estamos orando: «La causa de que estés enfermo es porque pecaste» o «Estás enfermo porque tienes algún pecado en tu vida». Esta actitud sería cruel y contraria a lo que Cristo haría. Hay muchas razones por las que una persona tal vez no reciba la sanidad divina o no se cure forma instantánea. No afirmamos que el pecado sea en todos los casos la causa directa de la enfermedad.

Sin embargo, es cierto que hay una vinculación entre el pecado y la enfermedad, y por lo tanto, entre la confesión y la sanidad. Veamos qué dice la Biblia.

LA VINCULACIÓN ENTRE EL PECADO Y LA ENFERMEDAD

Muchas personas no se atreven a vincular el pecado con la enfermedad, pero este es un concepto bíblico. La Biblia dice: «El Señor enviará contra ti y contra tus descendientes plagas terribles y persistentes, y enfermedades malignas e incurables» (Deuteronomio 28:59). ¿A qué se debía esta declaración? En los últimos versículos de Deuteronomio 28 se explica la razón: «Por no haber obedecido al Señor tu Dios» (Deuteronomio 28:62). Ignorar la voluntad de Dios trae consecuencias a nuestra vida, y una de ellas puede ser la enfermedad. Examinemos varios pasajes bíblicos que confirman este concepto.

1 CORINTIOS 11:29-30

Alguien podría objetar que la vinculación entre el pecado y la enfermedad solo se ve en el Antiguo Testamento. No obstante, el Nuevo Testamento también los relaciona. En 1 Corintios 11:29-30 se declara: «Porque el que come y bebe sin discernir el cuerpo, come y bebe su propia condena. Por eso hay entre ustedes muchos débiles y enfermos, e incluso varios han muerto». Pablo señaló una clara vinculación entre el pecado en la iglesia (en este caso, ser irrespetuoso en cuanto a la Cena del Señor) y las enfermedades, incluso la muerte. En otras palabras, las personas quebrantan las instrucciones de Dios y, como resultado, atraen la muerte sobre sí mismas.

JUAN 5

Juan 5 relata la ocasión en que Jesús sanó a un hombre que había estado paralítico durante treinta y ocho años. Poco después de sanarlo, el Señor le dijo: «Mira, ya has quedado sano. No vuelvas a pecar, no sea que te ocurra algo peor» (Juan 5:14). Aunque el pecado no había sido la causa de la parálisis del hombre, Jesús aprovechó la ocasión para señalar la relación causa-efecto entre el pecado y la enfermedad. Otros dos pasajes también afirman este concepto. El Salmo 107:17 dice: «Trastornados por su rebeldía, afligidos por su iniquidad». Proverbios 3:7-8 declara: «No seas sabio en tu propia opinión; más bien, teme al SEÑOR y huye del mal. Esto infundirá salud a tu cuerpo y fortalecerá tu ser».

> En algunos casos, la enfermedad es una consecuencia directa de las decisiones pecaminosas.

MATEO 18

En Mateo 18, un rey dialoga con un siervo que le debe mucho dinero: el equivalente a un millón de dólares en la moneda actual. Aunque el rey de manera generosa le perdona la deuda al hombre, este siervo va y amenaza con mandar a la cárcel a otro siervo compañero suyo que le debía lo que hoy serían solo unos pocos dólares. Cuando el rey se entera, se pone furioso. En un ataque de ira, ordena que arrojen en la cárcel al siervo desagradecido y lo torturen. La parábola termina con estas palabras: «Así mi Padre celestial los tratará a ustedes, a menos que cada uno perdone de corazón a su hermano» (Mateo 18:35). Aquí vemos un ejemplo del tremendo daño espiritual que nos hacemos si no nos perdonamos los unos a los otros. El poder del pecado (en este caso, no perdonar) genera consecuencias tanto espirituales como físicas.

SANIDAD HOLÍSTICA

Quizá seamos reacios a reconocer la vinculación entre el pecado y la enfermedad porque nuestra mentalidad occidental está habituada a separar el mundo espiritual del físico. Para nuestra manera de pensar, el ámbito espiritual no tiene nada que ver con la esfera física. Sin embargo, la Biblia presenta una perspectiva diferente, porque siempre hay una vinculación entre ambas cosas. Si hay un problema con uno de ellos, afecta al otro. Esto también se aplica a los seres humanos, porque somos criaturas espirituales. Nuestro bienestar físico, mental, emocional y espiritual está entrelazado. Cualquier problema en un área afectará las otras.

La palabra *holístico* se equipara a menudo con una cosmovisión que pertenece prácticamente a la Nueva Era. Sin embargo, en este contexto, el término indica tan solo la integración del cuerpo, la mente y el espíritu. Es un concepto totalmente bíblico: cuando tienes un problema en un área de tu vida, se afectan las otras. Los problemas físicos suelen generar consecuencias emocionales, como la depresión. Los problemas emocionales pueden producir manifestaciones físicas. Por ejemplo, las personas que se encuentran bajo estrés emocional suelen padecer afecciones física, como úlceras estomacales. Además, los problemas espirituales nos afectan de manera física y emocional. Somos seres íntegros.

> Los seres humanos son holísticos: el cuerpo, la mente y el espíritu se afectan mutuamente.

Recuerda el caso del rey David, el cual cometió adulterio con Betsabé y luego mandó a asesinar a su esposo Urías para impedir que se enterara del pecado. No obstante, el pecado se puso de manifiesto, y David sufrió terriblemente como consecuencia de lo que había hecho.

En el Salmo 51:12, él escribe: «Devuélveme la alegría de tu salvación...» Su pecado le generó consecuencias emocionales. En el Salmo 31, continúa describiendo la angustia física y emocional que le causaba ese pecado: «Tenme compasión, SEÑOR , que estoy angustiado; el dolor está acabando con mis ojos, con mi alma, ¡con mi cuerpo! La vida se me va en angustias, y los años en lamentos; la tristeza está acabando con mis fuerzas» (Salmo 31:9-10).

La Biblia confirma de manera explícita la vinculación entre el pecado y la enfermedad. Además, si somos honestos con nosotros mismos, sabemos que es así. En algunos casos, es tristemente evidente que el pecado trae como resultado enfermedades. Algunos pecados sexuales ponen en riesgo la salud física. Hay personas que están enfermas por el abuso del alcohol, el tabaco, las drogas o el exceso de peso. Ciertos pecados traen consecuencias físicas sumamente claras. Sin embargo, aun cuando la vinculación entre el pecado y la enfermedad no sea tan evidente, de todos modos existe. El daño que nos causamos al desobedecer los mandamientos de Dios no se limitan al ámbito espiritual: podemos enfermarnos físicamente como resultado del pecado.

LA CONFESIÓN COMO REMEDIO

Si el pecado puede producir enfermedades, ¿cuál es el remedio? Ya hemos visto que la sanidad interior debe preceder a la recuperación física. En el caso de una persona que ha pecado, la sanidad se consigue con la confesión.

¿Qué es la confesión? Es dejar de esconder nuestro pecado y exponerlo ante Dios. Confesar significa dejar de poner excusas y coincidir con Dios en que hemos procedido mal. Confesar es ser honestos con Dios y con nosotros mismos en cuanto a la verdadera condición de nuestras almas.

En el Salmo 51:3, David escribe: «Yo reconozco mis transgresiones». Esto es una confesión. En el idioma original, como en el español, no era necesario que David usara la palabra *yo*, ya que la conjugación del verbo indicaba que él era el sujeto del verbo *reconocer*. Sin embargo, prefirió utilizar el pronombre para darle énfasis a la declaración: «Yo… sí, yo… reconozco mi pecado». Estaba tremendamente arrepentido de lo que había hecho. Hacer una confesión de esta clase es vital para experimentar el poder sanador de Dios. El pecado puede ser una causa específica de enfermedad, y la confesión hace que la gracia de Dios se despliegue en nuestras vidas y quite la culpa. Cuando confesamos, somos candidatos a ser sanados, tanto de forma espiritual como física.

EL PECADO EN LA VIDA DE LOS QUE ORAN

El pecado puede hacer que una persona se enferme, y también puede ser un estorbo para el poder sanador de Dios si está presente *en los que oran* por la persona enferma. Santiago 5:16 dice: «Por eso, confiésense unos a otros sus pecados, y oren unos por otros, para que sean sanados. La oración del justo es poderosa y eficaz». Uno de los versículos anteriores dice lo siguiente: «¿Está enfermo alguno de ustedes? Haga llamar a los ancianos de la iglesia para que oren por él y lo unjan con aceite en el nombre del Señor» (Santiago 5:14). Observa el orden que se indica: en primer lugar, confesar los pecados unos a otros, y luego orar unos por otros para ser sanados. Los que oran por la sanidad también deben estar en una comunión correcta con Dios para que el poder sanador divino se manifieste.

En mi ministerio, he visto este principio de forma práctica. En una ocasión, dos personas de nuestra congregación fueron sanadas de manera milagrosa. Una había quedado sorda, y la otra tenía un tumor en la garganta. Cuando los miembros de la iglesia nos reunimos para orar por ellas, comenzamos a confesar nuestros pecados. Nadie estaba haciendo alarde de su humildad, sino que oramos en forma conjunta, diciendo: «Padre, confesamos que a veces no estamos a la altura de lo que esperas de nosotros, y queremos llegar a ser las personas que quieres que seamos. Te confesamos nuestros pecados. Los reconocemos y te pedimos que nos perdones y nos limpies a través de la sangre de Jesús». Gracias a Dios, las dos personas por las que oramos fueron divinamente curadas.

Es importante volver a señalar que yo *no* creo que todos los enfermos estén en esa condición porque pecaron. Hay muchos estorbos que impiden que haya sanidad. El pecado en la vida del enfermo es una causa posible, pero no es necesariamente lo determinante. Puede haber muchas otras razones. Si el pecado es un factor, permite que el Espíritu de Dios obre de manera bondadosa y tierna generando convicción. A veces lo más apropiado es confesar el pecado en forma privada y confidencial, pero para que haya sanidad, es necesario confesarlo. La oración del *justo*, es decir, la de una persona que está en una buena posición delante de Dios, es la que tiene poder y eficacia.

Confesemos nuestros pecados para que podamos ser sanados.

OREMOS

Padre:

Te confieso mi pecado. Actué mal. Tengo malos pensamientos. Te ofendí a ti y a los demás. Te pido perdón y dejo a un lado mi mal proceder. Lo que más deseo en la vida es vivir en una relación íntima y pura contigo. Te pido que me des el perdón que prometiste en el nombre de Jesús.

Amén.

A fin de obtener más preguntas de debate para grupos pequeños sobre este capítulo y otros recursos relacionados con la sanidad, visita www.wesleyan.org/gsh.

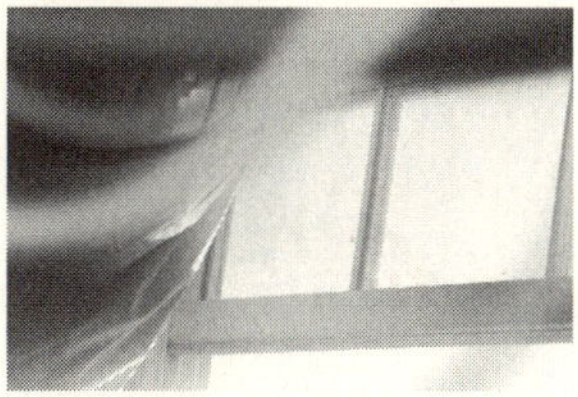

TRECE

¿ADÓNDE DEBO RECURRIR PARA SANARME?

La sanidad se produce cuando el cuerpo de Cristo está correctamente organizado.

La Iglesia del Camino había pasado por mejores momentos. En cinco años, la congregación se había reducido de casi trescientas personas a aproximadamente ochenta. La mayoría de los que habían quedado no estaban muy seguros de cuánto tiempo más seguiría funcionando la iglesia. En una reunión de oración un miércoles por la noche, Alberto Contreras dijo lo que muchos otros habían estado pensando.

—El Tabernáculo de la Gracia nos está matando —se quejó Alberto—. El año pasado nos robaron seis familias.

—Tal vez se habrían quedado si les hubiésemos dado un motivo —respondió Carolina Álvarez.

—¿Qué quieres decir con eso? —preguntó Alberto.

—No tenemos nada en contra del pastor —intervino Ernesto Hernández—, pero las predicaciones... bueno, digamos que he es-

cuchado cosas mejores.

Quince minutos más tarde, el grupo seguía con el tema y pasaba de hablar de las quejas sobre el pastor a la escasez de colaboradores, la disminución de la asistencia y la mega-iglesia que estaba en el otro extremo de la ciudad.

Guillermo Rodas seguía sentado en la tercera fila sin decir una palabra. Entonces, se puso de pie lentamente, miró al resto del grupo, y dijo:

—Me parece que es hora de orar... para pedir sanidad.

—¿Qué te pasa? —preguntó Ernesto—, ¿estás enfermo o algo así?

—No, no es para mí —dijo Guillermo—, es para la iglesia, para esta comunidad, para nuestras familias, para todos nosotros. Es hora de que seamos sanados.

Alberto y Ernesto se miraron extrañados y preguntaron:

—¿De qué está hablando este?

En el día de hoy, ¿cuál es la institución de nuestra cultura que más se ha descuidado? Algunos dirían que es el matrimonio, y sin duda este se ha visto afectado en las últimas décadas en nuestra sociedad. Otros tal vez hablen en sentido más amplio sobre la institución de la familia, y es verdad que ha sido atacada. Incluso otros mencionarían la educación o el gobierno. Sin embargo, la institución que más se ha descuidado e incluso maltratado en nuestra cultura es la iglesia.

Considerando los últimos dos mil años de historia, resulta asombroso que la iglesia aún siga existiendo. Considera la cantidad de personas que han sido martirizadas por su fe y todos los que todavía son perseguidos. Recapacita sobre los edificios de iglesias que han sido saqueados y quemados a lo largo de los siglos. Recuerda también que la iglesia suele ser maltratada tanto por los que están adentro como por los de afuera. Tal como lo explico ampliamente en mi libro *God and His People,* las luchas internas, la apatía y las disensiones han plagado a la iglesia durante siglos. Piensa en las fuerzas que se han opuesto a la institución de la iglesia y te darás cuenta de que es increíble que todavía exista.

La iglesia existe porque tiene un propósito divino: es la casa de Dios para sanar a los que habitan en ella. Es la iglesia (no la familia, ni la educación, ni el gobierno, ni siquiera la atención médica) la que le da buena salud a la gente. Encontramos la sanidad cuando estamos en comunión con el pueblo de Dios en la iglesia. En la actualidad, muchos cristianos tienden a asistir a las reuniones de forma ocasional o a no ir nunca. Es un gran error. Cuando los cristianos se ausentan de las reuniones en la iglesia, se están alejando de la comunión que trae la sanidad.

LA UNIDAD DE LA IGLESIA Y LA SANIDAD DIVINA

Una iglesia saludable les brinda sanidad a los que forman parte de ella. El Salmo 133:1-2 declara: «¡Cuán bueno y cuán agradable es que los hermanos convivan en armonía! Es como el buen aceite que, desde la cabeza, va descendiendo por la barba!» Estos versos son una descripción de la iglesia, y hablan de armonía y bienestar.

En el Antiguo Testamento, el aceite es un símbolo de la presencia de Dios. Por esa razón, las personas eran ungidas con aceite. La sustancia en sí no tenía ninguna propiedad especial, sino que se usaba para reconocer la dependencia de Dios. Estos versículos en particular se refieren a un acontecimiento registrado en Éxodo 29, donde Aarón, el hermano de Moisés, fue consagrado como sacerdote. La imagen que se emplea es la del Espíritu de Dios que va descendiendo por Aarón como el aceite. Por lo tanto, el Salmo 133 nos está diciendo que, cuando la iglesia está unida, el Espíritu de Dios se derrama sobre ella como lo hizo sobre Aarón en el momento de su consagración. Observa también que la presencia de Dios comienza a fluir desde la cabeza y luego desciende a través de todo el cuerpo.

El Salmo 133:3 añade otra imagen al cuadro: «Es como el rocío de Hermón que va descendiendo sobre los montes de Sión». El monte Hermón es una montaña alta, cuya cima está cubierta de hielo casi todo el año. El clima de la Tierra Santa es sumamente seco y poco lluvioso. Imagínate lo refrescante que sería la corriente que descendía del monte: un agua clara que bajaba y refrescaba el valle. ¿Y a qué se refieren los montes de Sión? En sentido literal, aluden a la ciudad de Jerusalén; no obstante, las Escrituras nos dicen que el monte de Sión también se refiere a la iglesia.

El Salmo concluye con estas palabras: «Donde se da esta armonía, el SEÑOR concede bendición y vida eterna». Aquí está la vinculación entre la salud y la sanidad, ya que cuando el pueblo de Dios (la iglesia) convive junto en armonía, Dios está presente y concede bendiciones maravillosas, en especial la vida.

En otras palabras, la salud de la iglesia afecta de manera directa tu bienestar personal. Cuando tu iglesia está sana, es decir, unida, esa salud se esparce sobre todos los individuos que la componen. Cuando la iglesia convive en unidad, Dios bendice. La unidad dentro de la iglesia es el punto de partida para la sanidad divina. La iglesia se convierte en el invernadero, la sede donde la salud comienza a manifestarse en nuestros cuerpos. Esto significa que la iglesia es el lugar donde hay que estar para experimentar la sanidad divina. Si queremos disfrutar de las bendiciones que Dios tienen para nosotros, es necesario que estemos entre su pueblo.

SEÑALES DE SALUD EN LA IGLESIA

Si la iglesia va a ser el sitio donde hay sanidad, en primer lugar debe ser saludable y funcional. La unidad es la clave de la salud en la iglesia; por lo tanto, si queremos experimentar la sanidad de forma individual o grupal, es necesario que averigüemos algunas cosas sobre este tema: ¿Cómo se manifiesta la unidad de una iglesia? ¿Cómo logramos esta unidad y de ese modo experimentamos la sanidad divina?

Dios derrama su bendición sobre una iglesia unida. La sanidad es una de las bendiciones divinas.

A continuación aparecen los indicadores de una iglesia invernadero que les da vida a sus miembros.

AMOR

La frase que habla de *amarse unos a otros* aparece doce veces en las Escrituras, y ocho están en tiempo presente. Esto significa que tenemos que amarnos unos a otros de forma habitual, como un estilo de vida. Esta clase de amor no es un sentimiento, sino una acción voluntaria. No amamos a nuestros hermanos en Cristo porque sean personas grandiosas, sino porque hemos decidido amarlos. Primera Juan 4:12 dice: «Nadie ha visto jamás a Dios, pero si nos amamos los unos a los otros, Dios permanece entre nosotros, y entre nosotros su amor se ha manifestado plenamente». Una iglesia saludable es aquella donde las personas se aman unas a otras.

COMUNIÓN

Pablo comparó la iglesia con el cuerpo humano al decir que nos pertenecemos unos a otros. Si alguien se lastima, todos sufren; si alguien está contento, todos se regocijan. Ser parte de una iglesia saludable es como tener muchos hermanos que se interesan unos por otros; es una red de respaldo.

LONGANIMIDAD

Ser longánimo significa sostener, y una vez más en las Escrituras el término se usa mayormente en tiempo presente. La idea es que debemos sostenernos unos a otros constantemente. Esto no quiere decir que solo debemos soportarnos, sino que tenemos que comprender las debilidades de unos y otros y seguir amándonos. La palabra *longanimidad* significa que mantenemos buen ánimo todo el tiempo para sostenernos unos a otros con amor y en oración, a pesar de nuestras debilidades y flaquezas.

CORRECCIÓN

Corregir es instruir o amonestar a alguien alentándolo. Es una tarea delicada y difícil. A nadie le gusta que lo corrijan; sin embargo, cuando lo hacemos, crecemos. La iglesia saludable mejora aun más cuando nos rendimos cuentas unos a otros. Si estoy en un medio donde alguien me corrige, sé que me encuentro en un sitio donde hay amor.

ACOGIDA

Cuando la iglesia comenzó en el día de Pentecostés, el número de creyentes aumentó de en tres mil personas en cuestión de horas.

Sin duda fue una gran afluencia de gente, y no todos eran judíos, como lo fueron los primeros discípulos de Cristo. Ya a los comienzos de su historia, la iglesia tuvo que hacer lugar para aquellos que provenían de etnias o culturas diferentes a las de la mayoría. Eso desencadenó algunas situaciones complicadas, pero la iglesia se puso a la altura de las circunstancias y recibió con agrado a todos los que se acercaban a Cristo. Una iglesia saludable es una iglesia acogedora.

ARMONÍA

Estar en armonía es pensar de la misma manera. ¿Tenemos diferencias? Desde luego que sí… y muchas. Sin embargo, todos creemos en el mismo Señor Jesucristo. Una iglesia saludable está unida con la mente puesta en Cristo.

CONFESIÓN

Las Escrituras dicen que tenemos que confesarnos los pecados unos a otros. No es un pedido; es una orden. Es mucho más fácil confesarle los pecados a Dios que a los demás, pero se nos ordena que lo hagamos. Y una vez más, el mandato está en tiempo presente, lo cual significa que tenemos que hacerlo permanentemente. Una iglesia donde los miembros están dispuestos a reconocer abiertamente sus errores es una iglesia saludable.

ORACIÓN

Santiago 5:16 nos insta a orar por la sanidad de manera específica. En general, la oración es un signo de una iglesia saludable. En particular, orar por la sanidad es una señal de buena salud en la iglesia.

SUMISIÓN

Las iglesias saludables practican la sumisión los unos a los otros. Esto significa someterse a la voluntad de los demás cuando sea necesario, sin tener en cuenta la edad, el género o la posición social. Quiere decir que debemos estar dispuestos a servirnos unos a otros y a aprender unos de otros, a permitir que otros nos corrijan sin que importe quiénes son. Somos capaces de lograr ese grado de humilde sumisión a medida que el Espíritu Santo nos llena de manera constante.

BONDAD

En Efesios 4:32, Pablo nos aconseja que seamos bondadosos los unos con los otros y que nos perdonemos mutuamente como somos perdonados en lo personal. Siempre es fácil darle algo a alguien cuando uno espera una retribución. La generosidad incondicional es otra cosa, y esta es la clase de bondad de la que habla Pablo. La misma seguir perdonándonos unos a otros, aun cuando no haya nada a cambio.

HOSPITALIDAD

En el mundo antiguo era tremendamente difícil viajar. No había hoteles de lujo; ni siquiera hosterías. En los lugares donde había hospedaje, la gente se quedaba en posadas, y los servicios eran malos. Por eso se instaba a los creyentes a practicar la hospitalidad. Ocuparse de las necesidades de los viajeros era una práctica espiritual importante. ¿Quiénes son los extranjeros en nuestro entorno? Se nos manda que los amemos. Ellos son la persona que va a tu lado en un avión, el que está parado delante de ti en la fila, un inmigrante que vive en tu comunidad. La hospitalidad significa abrir tu corazón y tu casa a los demás. Las iglesias saludables son sitios hospitalarios.

HUMILDAD

Pedro escribe: «Revístanse todos de humildad en su trato mutuo» (1 Pedro 5:5). Esta es una frase interesante, ya que es probable que Pedro haya estado recordando un acontecimiento que tuvo lugar la noche antes de la crucifixión de Jesús. Cristo se quitó la túnica y se envolvió con una toalla, y luego les lavó los pies a los discípulos. Revestirse de humildad es adoptar la actitud de que los demás son más importantes que uno mismo; es la condición interna que nos capacita para amar y servir a los demás como lo hizo el Señor. Las iglesias saludables están llenas de personas humildes.

SERVICIO

Muchas personas en el mundo antiguo eran esclavas. Por lo tanto, cuando la Biblia nos dice que nos sirvamos unos a otros, está empleando un lenguaje enérgico. El apóstol Pablo no tomaba el tema como algo superficial cuando aconsejaba a la gente a ser esclavos por amor a Jesucristo. El esclavo por amor era aquel que se había ganado el derecho a ser libre, pero decidía continuar sirviendo voluntariamente a su amo. El ya desaparecido Bill Bright, de Cruzada Estudiantil y Profesional para Cristo, tenía el hábito de firmar sus cartas de este modo: «Bill Bright, siervo de Cristo». Esa era una forma maravillosa de decir que había entregado su vida para servir a Cristo. Esta actitud es la señal de un creyente saludable y una iglesia sana.

Una iglesia saludable es como un invernadero: un lugar donde la gente crece con fuerza.

EN EL INVERNADERO

Cuando la iglesia está sana, es como un invernadero: un lugar de crecimiento, vida y buena salud para los que están adentro. Por esa razón, formar parte de una congregación saludable es un paso importante para recibir la dádiva de la sanidad divina. Es fundamental recordar que los principios de este libro no son leyes, sino guías que indican la manera habitual en que Dios obra y las cosas que podemos hacer para estar en condiciones de recibir su gracia. Por lo tanto, no hay garantías de que podamos experimentar un milagro porque asistamos a una buena iglesia. De todos modos, la casa de Dios es una casa de sanidad. Cuando una congregación convive en unidad, el Espíritu Santo está presente. Y donde el Espíritu esté presente, habrá sanidad. ¿Adónde puedo recurrir para experimentar la sanidad divina? El mejor lugar donde estar es en la iglesia.

OREMOS

Padre:

Gracias por la iglesia. Te agradezco por mis hermanos en Cristo que oran por mí, me alientan, me instruyen y me corrigen. Te pido que me ayudes a ser útil a los demás mientras te sirvo a ti. Señor, ayúdame a orar por otras personas. Ahora te pido que tengas misericordia por los enfermos de mi congregación. Tócalos con tu poder y sánalos.

Te lo pido en el nombre de Jesús,

Amén.

A fin de obtener más preguntas de debate para grupos pequeños sobre este capítulo y otros recursos relacionados con la sanidad, visita www.wesleyan.org/gsh.

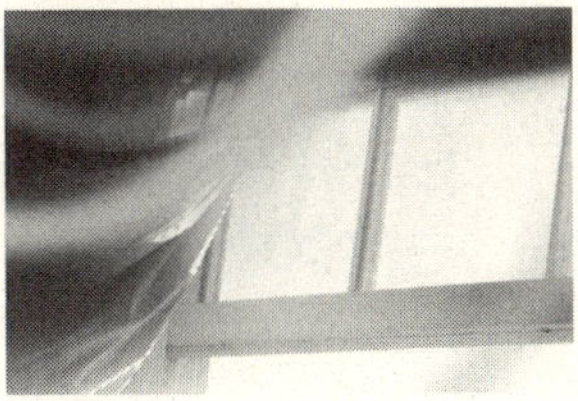

CATORCE

¿TENGO SUFICIENTE FE COMO PARA SER SANADO?

Si no estamos dispuestos a recibir el poder de Dios, no experimentaremos la sanidad divina.

La luz del sol inundaba el frente del restaurante de comidas rápidas. Todavía no eran las seis de una mañana de junio, y Pablo estaba ocupado preparando café y acomodando las rosquillas para recibir a la gran cantidad de clientes que en poco tiempo invadiría el lugar. Raúl Cabrera salió de la parte posterior del salón llevando un delantal verde con la propaganda del lugar.

—¡Raúl! ¡Qué bueno que volviste!

—Sí, me siento mucho mejor.

Daba la impresión de que a Raúl le daba un poco de vergüenza decir lo que dijo después:

—Eh, muchas gracias por haber orado.

A Pablo casi se le cae una jarra de café recién hecho. Raúl había luchado durante varias semanas con una infección respiratoria, y Pablo continuamente le había ofrecido orar por él, incluso ungirlo, pero siempre se había negado. Así que, le puso una mano en el hombro y dijo:

—Fue un placer, amigo. Me alegra que te sientas mejor ... de todos modos, no estaba muy seguro de que creyeras en el poder de la oración.

—Antes no —dijo Raúl rotundamente—, pero ahora sí.

Muchas personas han sido perjudicadas por afirmaciones inexactas e insensibles sobre el tema de la fe y la sanidad. En ocasiones, cuando se han hecho oraciones para que alguien sanara y no se veían resultados, he oído decir a los que oraban: «Es probable que no tengas fe». Me parece que esta es la frase más cruel que se le puede decir a un enfermo. Una vez escuché una historia sobre ciertos comentarios que se hicieron junto a la tumba de un fiel cristiano diciendo que había muerto porque no tuvo fe en que Dios lo podía sanar. ¡Qué crueldad! Casi todas las personas por las que he orado creen con sinceridad que Dios es un Padre amoroso y anhelan profundamente que él despliegue su poder sanador sobre ellas. Hay varias razones por las que una persona tal vez no reciba la sanidad divina. Asumir de manera automática que alguien está enfermo porque no tiene fe es un error peligroso. De todos los temas relacionados con la doctrina de la sanidad divina, este es quizá el que más se exagera.

No obstante, la interrogante sigue vigente: ¿Hay alguna vinculación entre la fe y la sanidad? Indudablemente, la respuesta es: «Sí». No creo que la falta de fe sea *el* estorbo más importante para experimentar la sanidad, pero es uno de ellos, y es necesario considerarlo.

LA FE DEL ENFERMO

Sería un error asumir que la falta de fe del enfermo sea la razón de que no se sane. Sin embargo, las Escrituras indican que la fe de quienes desean ser curados tiene una relación directa con que se despliegue o no el poder sanador de Dios. Es necesario que entendamos de forma personal lo que enseña la Biblia en cuanto a este concepto para que podamos guiar con bondad a otros de modo que confíen plenamente en nuestro Padre celestial. Veamos qué dice la Palabra de Dios sobre la vinculación entre la fe y la sanidad.

LA MUJER CON HEMORRAGIAS

Lucas registra un incidente donde una mujer enferma buscó a Jesús para que la sanara, ya que hacía muchos años que padecía de hemorragias. Como el Señor estaba rodeado de mucha gente, la mujer no podía acercarse a él. Entonces, dado que sabía que Jesús tenía poder para sanarla, fue por detrás y le tocó el borde del manto. Al instante, la hemorragia se detuvo.

¡Aquí está lo interesante! Jesús se dio cuenta de que el poder sanador había salido de él y de inmediato preguntó quién lo había tocado. Cuando la mujer se identificó, el Señor dijo: «Hija, tu fe te ha sanado … Vete en paz» (Lucas 8:48). Si bien en el relato de esta historia no se manifiesta con claridad, es interesante observar que, en aquellos días las diversas partes de algunas vestimentas tenían un significado especial. Para algunos, el dobladillo de las vestiduras de un rabino simbolizaba el pacto, el gran «contrato» divino de amar a la humanidad. Por lo tanto, la razón de que esta mujer tocara el borde del manto de Jesús tal vez haya sido que captaba el significado del pacto entre Dios y los hombres, el cual incluía el tema de la sanidad. La idea principal es que Jesús utilizó la ocasión para enfatizar la vinculación entre la fe y la sanidad.

> Nuestra fe tiene su parte en la ecuación divina-humana.

LA IMPORTANCIA DE LA FE

En una ocasión, Jesús les declaró a sus discípulos: «Si ustedes creen, recibirán todo lo que pidan en oración» (Mateo 21:22). También dijo: «Tengan fe en Dios … Les aseguro que si alguno le dice a este monte: "Quítate de ahí y tírate al mar", creyendo, sin abrigar la menor duda de que lo que dice sucederá, lo obtendrá» (Marcos 11:22-23).

A medida que lees estos versículos, quizá te preguntes sobre ciertas ocasiones en que oraste, pero *no* viste ninguna respuesta a tu oración. Este tema se tratará más adelante en otros capítulos; no obstante, por ahora observa un concepto clave de este pasaje: La fe tiene gran poder.

LA NECESIDAD DE LA FE

Lo contrario también es cierto. Observemos un ejemplo negativo. Cuando Jesús regresó a su pueblo natal, Nazaret, no fue bien recibido. Esto es lo que Marcos dice sobre el incidente: «[Jesús] no pudo hacer allí ningún milagro, excepto sanar a unos pocos enfermos al imponerles las manos. Y él se quedó asombrado por la incredulidad de ellos» (Marcos 6:5-6). Donde no hay fe, no se producen milagros.

Esto significa que la fe es esencial para la sanidad divina. Si creemos en la bondad y el poder de Dios; es decir, si creemos que él está dispuesto a sanar y quiere hacerlo, veremos que se producirán más sanidades. Cuando no creemos que la sanidad sea posible, no se llevará a cabo. No obstante, debemos tener cuidado. Sería un juicio demasiado extremo llegar a la conclusión de que, en ciertos casos específicos, la falta de fe haya sido el factor determinante que bloqueó la sanidad. Es un error decirle al enfermo: «Si tuvieras fe estarías bien». Sencillamente, no juzgamos a la gente de esta manera porque no es necesario. Hay que reconocer que la falta de fe *puede* ser un estorbo para la sanidad; sin embargo, una persona puede tener mucha fe y no sanarse debido a otros factores que lo impiden.

> Sería un error llegar a la conclusión de que la enfermedad de una persona se deba a la falta de fe.

Dios puede sanar y lo hace, y nosotros debemos alentar a otros para que esperen con ansias esa dádiva. Cuando creemos que es real, hay más probabilidades de recibir el poder sanador.

LA FE DE LOS QUE ORAN

Hay un segundo aspecto de esta vinculación entre la fe y la sanidad que a menudo se pasa por alto. Si a veces se ha hecho demasiado énfasis en la necesidad de fe de la persona que precisa sanarse, la que se necesita de parte del que ora por la sanidad de otro quizá se ha descuidado. Hay una vinculación entre la fe de los que oran y el despliegue del poder sanador de Dios. Esta vinculación puede ser positiva o negativa. Al menos en un caso, sabemos que el poder sanador divino se desplegó a causa de la fe de otras personas, no del enfermo. La falta de fe en los que oran por la sanidad de otra persona también puede ser un estorbo para el poder sanador de Dios.

EL PARALÍTICO

Lucas 5 registra la historia de un paralítico al que sus amigos llevaron a ver a Jesús para que lo sanara. La casa donde el Señor enseñaba estaba tan llena de gente que no podían entrar al hombre por la puerta así que lo subieron a la terraza, hicieron un agujero en el techo y lo bajaron delante de Jesús. La Biblia dice: «Al ver la fe *de ellos*, Jesús dijo: "Amigo, tus pecados quedan perdonados"» (Lucas 5:20, énfasis agregado). Unos instantes más tarde, el Señor lo sanó. ¡Es grandioso tener amigos que creen! Observa que el relato nunca menciona la fe del enfermo. Fue la fe de aquellos que lo llevaron delante de Jesús la que generó la respuesta. Creo de todo corazón que cuando Dios mira desde el cielo y nos ve orar por los enfermos que hay entre nosotros, se siente sumamente complacido. Este incidente muestra que el Señor responde a la fe que exhiben los que oran por los enfermos.

UN EJEMPLO MODERNO

Hace unos años participé en un proyecto sobre la sanidad con un médico al que llamaré Aarón. Él me contó que había sido testigo del caso de una joven que había tenido lesiones terribles en un accidente automovilístico. Aarón quería organizar grupos de oración para pedir por la recuperación de la muchacha, pero su estado era tan desesperante que le resultaba difícil encontrar gente que creyera que se podía curar. Finalmente, reunió a un grupo de estudiantes, todos recién convertidos al cristianismo, para orar por la chica. Él admite que incluso su fe era bastante débil en ese caso, ya que la joven estaba muy grave. No obstante, los jóvenes estaban convencidos de que Dios puede hacer cualquier cosa, y «oraron por un milagro». A continuación aparece la descripción que Aarón hizo de lo que sucedió:

> Nunca antes vi nada igual, ni tampoco lo he visto después. Durante la segunda rueda de oración, abrí los ojos y vi sobre su piel una cosa sumamente extraña. Parecían cereales hirviendo; una especie de burbujeo. Como médico, tenía interés en ver lo que le sucedía a la muchacha, y observé cómo este fenómeno le subía por el brazo. Mi reacción fue quedar mudo del asombro; sin embargo, una chica que formaba parte del grupo de creyentes nuevos que estaban conmigo fue más expresiva, y dijo en medio de las oraciones: «¡Qué asco!»

Con lágrimas en los ojos, Aarón siguió describiendo el poder sanador de Dios. La joven fue sanada de manera milagrosa delante de sus ojos.

¿Es común una cosa así? Claro que no. Este es el único caso de esta clase que he conocido, y debo admitir que esa sanidad en particular fue bastante rara. Sin embargo, ocurrió porque el Padre se sintió complacido con la fe de esos bebés cristianos y entonces respondió. La oración eficaz de los justos logra muchas cosas.

SE NECESITA FE

Si la presencia de la fe es positiva, su ausencia puede ser negativa. Donde no hay fe, los milagros no se producen. En ciertas ocasiones me sucedió que oraba por la sanidad y percibía que alguno de los presentes no tenía confianza en que Dios pudiera curar. Ya sea por algún comentario o por su lenguaje corporal, esas personas demostraban que sencillamente no creían que la sanidad fuera factible. Con el mayor tacto posible, me dirigí a ellas y les pedí cortésmente que se retiraran de la reunión de oración. Es esencial que los que oran por sanidad crean que se puede producir. A Dios le emociona nuestra fe, y la honra. Sin embargo, donde no hay fe, su poder sanador no se desplegará. Eso fue lo que Jesús experimentó cuando regresó a Nazaret, su ciudad natal. Las Escrituras dicen: «En efecto, no pudo hacer allí ningún milagro, excepto sanar a unos pocos enfermos al imponerles las manos. Y él se quedó asombrado por la incredulidad de ellos» (Marcos 6:5-6).

FE SUFICIENTE

Entonces, ¿cuánta fe necesito para orar por la sanidad? ¿Cuánta necesito para ser sanado? ¿Cómo sé que cuando hay algo que bloquea el despliegue del poder sanador de Dios, mi fe no es parte del problema? Esta es la cantidad de fe que necesitas: la suficiente para creer que Dios todavía sigue sanando. Jesús dijo que una fe del tamaño de una semilla de mostaza (un grano pequeño) es suficiente para mover montañas. No es la *cantidad* de fe lo que importa, sino el aplicar la fe que tengas, cualquiera sea la dosis. ¿Crees que Dios sigue sanando hoy? ¿Crees que puede sanarte a ti y a los que te rodean? Esa fe basta. Confía en Dios y recibe el regalo de la sanidad.

OREMOS

Padre:

Me siento como el hombre que oró, diciendo: «Creo; ayuda a mi incredulidad». Creo que eres real y que eres bueno. Sin embargo, me cuesta creer que sanes. Señor, dame más fe. Te estoy buscando con todo mi corazón. Por favor, escucha mi oración y dame poder para seguir amándote y sirviéndote.

En el nombre de Jesús,

Amén.

A fin de obtener más preguntas de debate para grupos pequeños sobre este capítulo y otros recursos relacionados con la sanidad, visita www.wesleyan.org/gsh.

QUINCE

¿QUÉ PAPEL DESEMPEÑO EN PRODUCIR LA SANIDAD?

Cuando reflejo la imagen del Hijo de Dios, soy portador de sanidad.

—Chicos, empiecen ustedes solos. Yo me voy a quedar aquí a terminar unas cositas que tengo que hacer.

A Néstor Cordero no le gustaba en absoluto discutir, pero daba la impresión de que su esposa siempre tenía algo que hacer cuando el grupo pequeño del que formaban parte decidía orar por un tema en especial. El mes pasado había encontrado una pila de ropa para lavar justo en el momento en que el equipo salía para un hogar de ancianos. Este mes, justo el día en que operaban a Ester Gómez, en el jardín habían aparecido milagrosamente unas malezas.

—Querida, ¿el jardín no puede esperar hasta mañana? Me gustaría que vinieras con nosotros.

Luisa suspiró y dijo:

—Lo sé, pero tengo mucho que hacer... además, me parece que ir ahí es perder el tiempo.

—¿Perder el tiempo?

—Me gustaría acompañar a Ester, pero honestamente, no me parece que orar por ella vaya a cambiar nada a estas alturas. Preferiría que nuestro grupo hiciera algo más útil.

—¿Qué quieres decir? ¿Un viaje misionero o algo por el estilo?

—Sí, alguna cosa práctica. Algo que Jesús haría. Lo único que hacemos nosotros es tomarnos de las manos para orar por los enfermos.

—Me parece que tienes razón —dijo Néstor—. Es cierto que pasamos mucho tiempo orando por los enfermos

Entonces, hizo una pausa y agregó:

—Pero... Jesús también lo hacía.

¿Qué tiene que ver todo esto conmigo? Es una buena pregunta. Muchas personas creen que Dios sigue sanando, pero les resulta difícil entender cómo encajan en el asunto. ¿Todos somos sanadores? ¿Todos tienen el don de la sanidad? ¿Qué papel me toca desempeñar en la obra sanadora de Dios? Tal vez no todos estemos específicamente dotados para sanar, pero sí debemos ser como Cristo. Después de todo, esto es lo que significa la palabra *cristiano*: un seguidor de Cristo. Entonces, como representantes de Cristo, cada uno debe participar en lo que él hacía. Y eso incluye la sanidad.

HECHOS A LA IMAGEN DE DIOS

La Biblia nos dice que los seres humanos fueron hechos a la imagen de Dios; o sea, todos nosotros. Génesis registra estas palabras: «Y dijo [Dios]: "Hagamos al ser humano a nuestra imagen y semejanza. Que tenga dominio ..." Y Dios creó al ser humano a su imagen; lo creó a imagen de Dios. Hombre y mujer los creó» (Génesis 1:26,27). En Génesis 5:1, donde comienza la historia de Noé, aparece una afirmación similar: «Ésta es la lista de los descendientes de Adán. Cuando Dios creó al ser humano, lo hizo a semejanza de Dios mismo». El significado en ambos lugares es que los seres humanos fueron hechos para parecerse a su Creador. Fuimos moldeados como copias del original.

¿Qué quiere decir esto? Significa que Dios nos conformó de tal manera que deberíamos ser semejantes a él, no en el aspecto físico, sino moralmente. Tendríamos que pensar, actuar y responder como lo hizo él. En este sentido, debemos ser como Dios.

EL EFECTO PERJUDICIAL DE LA CAÍDA

Sin embargo, hubo un problema: los seres humanos prefirieron ignorar la dirección de Dios y tomar sus propias decisiones. Adán y Eva disfrutaban de una vida perfecta en el huerto de Edén, pero pecaron. Dejaron de lado las instrucciones divinas y provocaron su propio castigo. Además, ese castigo nos afecta a todos nosotros. El apóstol Pablo lo expresa de este modo en Romanos 3:23: «Pues todos han pecado y están privados de la gloria de Dios». Adán y Eva fueron expulsados del huerto a causa de su pecado, y el mundo fue colocado bajo maldición. En el día de hoy, cada uno de nosotros vive bajo esa maldición.

> Cuando pensamos y actuamos como lo hizo Jesús, reflejamos la imagen de Cristo.

No obstante, después de la caída, las Escrituras mencionan que fuimos hechos a la imagen de Dios (ver Génesis 5:1). Aun en un mundo destrozado a tal extremo que un hermano, Caín, mató al otro, Abel, todavía somos hechos a la imagen de Dios. Aunque despedazados y retorcidos, de alguna manera seguimos llevando la imagen divina. Esto significa que eres especial. Aunque le hayas fallado al Señor, aunque hayas cometido muchos errores, aunque tu vida ahora esté signada por la enfermedad y el sufrimiento, continúas siendo una persona hecha a la imagen de Dios.

PERFECTAMENTE REFLEJADOS EN CRISTO

Dado que fuimos perjudicados por el pecado, Dios envió a su Hijo Jesús para darnos una imagen clara de él. En 2 Corintios 4:4, Pablo dice que Cristo es «la imagen de Dios». En Colosenses 1:15, el apóstol declara que Cristo es «la imagen del Dios invisible». Una vez más, en Colosenses 1:19, escribe: «Porque a Dios le agradó habitar en él con toda su plenitud»; y el escritor de Hebreos dice que Jesús es «el resplandor de la gloria de Dios, la fiel imagen de lo que él es» (Hebreos 1:3).

Unos mil quinientos años más tarde, Martín Lutero comentó que él no sabía mucho acerca de Dios, pero que al mirar a Jesús, lo entendía mejor. Jesús vino a restaurar todas las cosas y a recomponer la imagen de Dios en ti.

PERFECTAMENTE RESTAURADOS EN CRISTO

Cuando nos unimos con Cristo, una expresión predilecta del apóstol Pablo, la imagen de Cristo es restaurada en nosotros. Cuando pensamos y actuamos como Jesús, volvemos a reflejar la gloria de Dios; somos como él. Las Escrituras dicen que hemos sido hechos como una réplica de Dios; tenemos su imagen estampada en nosotros. La ruina que hay en el mundo, y en nosotros, tienen su raíz en haber perdido parte de la imagen de Dios; ya no nos parecemos a él de la manera en que él lo concibió. No obstante, cuando nos unimos a Cristo, esa imagen es restaurada. Pablo dijo en Romanos 8:29 que debemos «ser transformados según la imagen de su Hijo». En 2 Corintios 3:18 escribe que «somos transformados a su semejanza con más y más gloria». Colosenses 3:9 declara: «Ahora que se han quitado el ropaje de la vieja naturaleza con sus vicios, y se han puesto el de la nueva naturaleza». Efesios 4:24 enseña a «ponerse el ropaje de la nueva naturaleza, creada a imagen de Dios, en verdadera justicia y santidad».

> Cuando seamos como Cristo, desarrollaremos una gran compasión por los enfermos.

Las Escrituras son claras en cuanto a esto: Cuando estamos «en Cristo», somos cambiados. Somos transformados por el Espíritu de Dios y nos parecemos a él. ¿Significa esto que somos perfectos, que nunca cometemos errores y siempre reaccionamos exactamente como Jesús lo habría hecho? No, no es así. Después de todo, seguimos siendo seres humanos. No obstante, recibimos poder y entendimiento, y vamos creciendo de manera progresiva para ser cada vez más parecidos a Jesucristo. Comenzamos a descubrir el verdadero yo que Dios creó en nosotros.

REFLEJEMOS A CRISTO

En Juan 5, Jesús describe la forma en que refleja la gloria del Padre, y dice: «Ciertamente les aseguro que el hijo no puede hacer nada por su propia cuenta, sino solamente lo que ve que su padre hace, porque cualquier cosa que hace el padre, la hace también el hijo» (Juan 5:19). En otras palabras, Jesús reflejaba al Padre como si fuera un espejo. Esta descripción explica el significado de portar la imagen de Dios. Cuando reflejamos la imagen de Dios, hacemos lo que él hace. Entonces, ¿cómo se relaciona esto con la sanidad?

En primer lugar, sabemos que Jesús sanaba a las personas. Por lo tanto, como seguidores (imitadores) suyos, también debemos ser portadores de la sanidad. Jesús vino a traer el reino de Dios a la tierra. Una señal de ese reino es la sanidad. Dondequiera que Jesús iba, sanaba; y no lo hacía como una especie de demostración de magia ni para desplegar al azar algunos actos de bondad, sino porque estaba estableciendo el reino de Dios. Dondequiera que el reino de Dios se establezca, allí habrá sanidad; por esa razón, el poder sanador acompañaba a Jesús a todas partes. Cuando pensemos y actuemos como Jesús lo hacía, estaremos invocando a Dios para que despliegue su poder sanador sobre aquellos que lo necesitan.

En segundo lugar, seremos fieles a Cristo al actuar según sus mandamientos. Las últimas palabras de Jesús están registradas en Mateo 28:18-20, donde dice: «Jesús se acercó entonces a ellos y les dijo: "Se me ha dado toda autoridad en el cielo y en la tierra. Por tanto, vayan y hagan discípulos de todas las naciones, bautizándolos en el nombre del Padre y del Hijo y del Espíritu Santo, enseñándoles a obedecer todo lo que les he mandado a ustedes. Y les aseguro que estaré con ustedes siempre, hasta el fin del mundo"».

Jesús nos comisionó para que fuéramos por el mundo y continuáramos el ministerio que él había iniciado. Debemos seguir ordenando las cosas, tal como lo hizo el Señor, brindando esperanza, sanando y restaurando un mundo que ha sido arruinado por el pecado. Cuando reflejemos la imagen de Cristo, seremos portadores de esperanza y sanidad, como lo fue él. Además, la promesa que concluye el encargo es esencial: Cristo estará con nosotros hasta el fin del mundo para darnos el poder y la autoridad para poner en práctica sus palabras.

Recuerda que lo único que Jesús hacía era lo que veía hacer al Padre. Como portadores de la imagen de Cristo, haremos lo que le vimos hacer a él: evangelizar, imponer las manos sobre los enfermos y orar por ellos, y liberar a la gente de la esclavitud del poder de las tinieblas. ¿Qué papel desempeñamos en el ministerio de la sanidad? Ser cristianos: pequeños Cristos, como lo describió Lutero; y como tales, reflejar la gloria de Dios al brindar esperanza y sanidad a un mundo destruido de la manera en que lo hizo Jesús.

OREMOS

Padre:

Deseo ser un portador de tu poder sanador. Yo no tengo el poder para sanar y lo sé. Sin embargo, veo que la sanidad se manifiesta dondequiera que va Jesús. En la medida que lo siga de todo corazón, permite que tu poder sanador me rodee. Te pido que me ayudes a ser un agente de sanidad y bienestar para aquellos que me rodean.

En el nombre de Jesús,

Amén.

A fin de obtener más preguntas de debate para grupos pequeños sobre este capítulo y otros recursos relacionados con la sanidad, visita www.wesleyan.org/gsh.

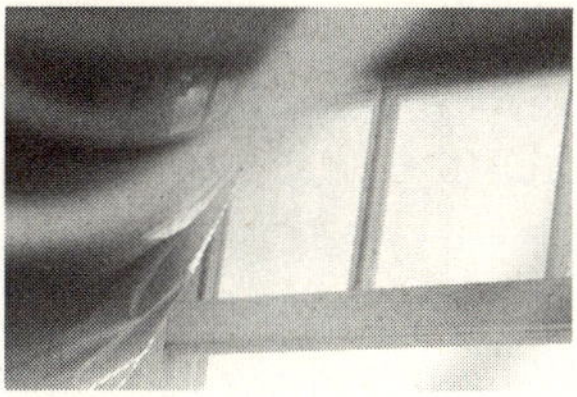

DIECISÉIS

¿TENGO AUTORIDAD ESPIRITUAL PARA ORAR POR LA SANIDAD?

Dios le ha dado a la iglesia, y por lo tanto, a los creyentes, autoridad para sanar.

A Susana Jiménez le encantaba su nuevo trabajo... por lo general. Entregar flores a veces era un poco deprimente. Las entregas a domicilio siempre se recibían con una sonrisa, pero en muchos casos los viajes que hacía eran a un hospital o una funeraria.

Susana suspiró cuando vio que el ramo de margaritas amarillas tenía una tarjeta que decía: «Que te mejores». Caminó por las pasillos del hospital buscando la habitación 203, donde supuestamente encontraría a Estela Simón. Pensaba encontrar a una mujer anciana, pero se sorprendió al ver que la que estaba internada era una chica joven de unos veintitantos años.

—Eh, ¿usted es Estela Simón? —preguntó Susana mientras entraba en la habitación.

—Sí —respondió Estela. A Susana le dio la impresión de que la muchacha había estado llorando—. Lamento que me vea tan mal, pero estoy cansada de estar internada.

Susana tuvo la sensación de que debía orar por la muchacha, pero no estaba segura, porque era creyente desde hacía poco tiempo. «Ni siquiera sé cómo orar para pedir que se sane», pensó.

Susana colocó el ramo de flores sobre la mesita de noche y vaciló un poco. Entonces pensó: «Y bueno... yo creo en Jesús, y supongo que con eso basta».

Tomó a Estela de la mano y le preguntó:

—¿Le importaría si hago una oración por usted?

Uno de los estorbos que impide que el poder sanador de Dios se despliegue es no entender qué significa disponer de autoridad espiritual. Muchas personas no oran por la sanidad (ni la de ellos mismos ni la de otros) porque sencillamente no creen que puedan hacerlo. Se consideran espiritualmente débiles o inmaduros y que no están a la altura de la tremendamente importante tarea de orar para que la gente se cure. Quizá alguna vez pensaste algo así: «Será mejor que llame al pastor para que ore por esto» o «Cómo me gustaría tener más fe para conseguir que Dios escuche mis oraciones». En realidad, todos los creyentes tienen autoridad espiritual para orar por la sanidad.

EL EJERCICIO DE LA AUTORIDAD ESPIRITUAL

Mateo 8 registra la historia de un centurión romano que se acercó a Jesús con un problema. Un centurión era un oficial con cien hombres a su cargo. Su siervo estaba enfermo, así que este oficial se presentó delante del Señor para hablarle del asunto. En cuanto Jesús escuchó acerca de la enfermedad, dejó de inmediato lo que estaba haciendo para ir a la otra ciudad a sanarlo. Sin embargo, el centurión insistió en que no era necesario que fuera hasta allí, y dijo: «Señor, no merezco que entres bajo mi techo. Pero basta con que digas una sola palabra, y mi siervo quedará sano. Porque yo mismo soy un hombres sujeto a órdenes superiores, y además tengo soldados bajo mi autoridad. Le digo a uno: “Ve”, y va, y al otro: "Ven", y viene. Le digo a mi siervo: "Haz esto", y lo hace» (Mateo 8:8-9). Jesús quedó tan asombrado de la fe del hombre que sanó al siervo a pesar de la distancia.

Este militar entendía muy bien el principio del mando. Sabía que cuando alguien que tiene autoridad dice algo, la orden se tiene que cumplir.

Cuando actuamos con fe, ejercemos la autoridad; y lo hacemos *expresando* la Palabra de Dios. Dios les ha dado autoridad espiritual a diversas personas en distintas épocas y a la iglesia le ha dado potestad para sanar. Muchos no se mejoran porque no entienden qué es la autoridad espiritual y no la ponen en práctica expresándola.

Esta es la teología de la sanidad resumida en pocas palabras: La voluntad de Dios es la sanidad. Cuando estemos en conformidad con su voluntad, expresaremos y declararemos aquellas cosas que estén de acuerdo con esa voluntad y con su Palabra.

Cuando comunicamos la Palabra de Dios, él está alerta para que se cumpla (Jeremías 1:12). A veces nuestras oraciones son pedidos, pero en otras ocasiones son declaraciones que expresan con su Palabra la voluntad de Dios en cuanto a una situación. Cuando declaramos la voluntad de Dios, tal como dice Paul Bilheimer, actuamos como personas que «imponen» la voluntad del cielo en la tierra. Por eso, Jesús les enseñó a sus seguidores a orar así: «Venga tu reino, hágase tu voluntad *en la tierra* como en el cielo» (Mateo 6:10, énfasis agregado). Por esta razón, a Dios le interesa nuestra vida de oración, él nos escucha orar expresando su voluntad, su Palabra. Entonces, cuando lo hacemos, él la respalda. Así que, cuando nos enfrentamos con enfermedades y dolencias, declaramos su voluntad de sanar; y Dios está alerta para que esa palabra se cumpla. Este es el fundamento de nuestras oraciones por la sanidad.

Dios le ha dado autoridad a la iglesia a través de Jesucristo.

AUTORIDAD EN EL PACTO

En el principio, Dios les dio autoridad a Adán y a Eva. Según Génesis 1:26, fueron puestos a cargo de toda la creación; fueron colocados en el mundo, y se les dijo que lo cuidaran, que ejercieran dominio sobre él. Tenían autoridad.

No obstante, Adán y Eva no ejercieron su autoridad, y la perdieron. Como resultado de ello, el mundo cayó bajo el dominio del Enemigo. Charles Capps utiliza una metáfora del fútbol americano para describir lo que sucedió: A Adán «se le cayó el balón», y Satanás «lo levantó y salió corriendo». Adán y Eva le tendrían que haber dicho a Satanás: «Dios nos dio este planeta, y tenemos autoridad para estar aquí. Tú no la tienes. Por lo tanto, en base a la autoridad que nos fue dada por Dios, te ordenamos que te vayas». Esa debió haber sido la última vez que oyéramos algo de Satanás, pero no fue así.

Capps también emplea la terminología de la actividad inmobiliaria para describir esta pérdida de autoridad, y dice que aunque Dios era el dueño de la tierra, se la «arrendó» a Adán y le dio el dominio sobre ella. Cuando Adán pecó, se colocó bajo la autoridad de Satanás, dado que uno es esclavo de aquel a quien se somete. Romanos 6:16 declara: «¿Acaso no saben ustedes que, cuando se entregan a alguien para obedecerlo, son esclavos de aquel a quien obedecen?» Según Capps, Adán le «subarrendó» la tierra a Satanás y le dio al Enemigo el control del planeta.

En lugar de quejarnos por las enfermedades, deberíamos reclamar nuestra autoridad en Cristo y orar por la sanidad.

Dicho de algún modo, esto hizo que Dios quedara mirando su propia creación desde afuera. Aun así, como Dios siempre cumple su palabra, sencillamente no recuperó por la fuerza el control del mundo. Era necesario que ocurriera algo para recuperar «legalmente» el acceso al mundo. Por esa razón, Dios celebró un pacto con Abram. Un pacto es un acuerdo entre dos partes que las vincula. En conformidad con las condiciones de un pacto, los bienes de cada parte le pertenecen a la otra. Hay dos clases de pactos: el *pacto paritario*, que se celebra entre pares; es decir, personas que tienen los mismos activos; y el *pacto de vasallaje*, que se celebra entre personas de diferentes rangos, como un rey y un esclavo. En un pacto de vasallaje, el rey podía declarar: «Todos los recursos de mi reino están a tu disposición». El esclavo podía responder: «¿Qué aporte puedo hacer yo a este pacto? No tengo nada». Entonces, el rey decía: «Quiero lo único que tienes... ¡a ti y a tus descendientes! Deseo tu lealtad y tu amor».

El pacto que Dios hizo con Abram fue de esta última clase. Lo que el Señor necesitaba era a Abram mismo, y como un pacto es vinculante para las generaciones futuras, incluía a sus descendientes. Este pacto preparó el escenario para lo que le sucedería muchos años después a uno de sus descendientes: María. El Espíritu Santo vino sobre María, y esta concibió un hijo aunque nunca había tenido relaciones sexuales con un hombre.

Dado que Jesús nació de una mujer humana, era plenamente hombre. Sin embargo, como fue concebido por el Espíritu Santo, también era divino. La humanidad de Jesús le dio el «derecho legal» a estar en el planeta tierra. Recuerda que la tierra se le había concedido a la humanidad mediante un «arrendamiento» (como lo denominaba Capps) a Adán y Eva. No obstante, la divinidad de Jesús le otorgaba superioridad y autoridad sobre Satanás, el cual controlaba a toda la raza humana.

Por fin había una persona en la tierra, Jesús, que no estaba bajo la autoridad del diablo. En un sentido, una nueva raza humana había llegado a la tierra a través de Jesucristo. Por eso, a Jesús a veces se le llama «el último Adán» (Romanos 5:15-17; 1 Corintios 15:45). Dios le había dado la tierra a un ser humano (Adán significa humanidad), y ese ser humano le había entregado el planeta a Satanás. Dado que un ser humano (Adán) había cedido la tierra, solo otro ser humano (Jesús) podía recuperarla. Esto hace que centremos la mirada en Jesús, el cual era completamente humano, pero también divino, y por esa razón tenía autoridad moral.

La llegada de Jesús al planeta tierra prepara el terreno para la lucha cósmica entre Dios y Satanás. El ministerio de Cristo consistió fundamentalmente en deshacer o destruir la obra del diablo (1 Juan 3:8). Como sabemos hoy, Satanás perdió la batalla y Jesús la ganó. (Para desarrollar más este tema, ver mi libro *The covenant*.)

AUTORIDAD EN JESUCRISTO

Entonces, ¿dónde entramos nosotros en escena? Antes de ascender al cielo, Jesús declaró lo siguiente: «Se me ha dado toda autoridad en el cielo y en la tierra. Por tanto, vayan y hagan discípulos ...» (Mateo 28:18-19). Este es nuestro lugar en la pirámide de la autoridad. Jesús había tomado el control del mundo y comisionado a sus seguidores para que ejercieran esa autoridad en su nombre. Recuerda que una de las razones primordiales por las que Jesús vino fue para traer sanidad. Por lo tanto, cuando comisionó a sus seguidores para que fueran por todo el mundo y ejercieran autoridad en su nombre, su intención era que continuaran con el ministerio de la sanidad.

¿Cómo sabemos que tenemos la autoridad espiritual para orar por la sanidad divina y esperar que se produzca? Lo sabemos porque Jesús tiene esa autoridad, y él nos la dio a nosotros. Dios le ha dado a la iglesia la autoridad para sanar, y por consiguiente, se la ha dado a los creyentes. Nosotros no sanamos porque tengamos poder, sino porque Dios lo tiene y nos dio autoridad para desplegarlo en el nombre de Jesús.

EL EJERCICIO DE LA AUTORIDAD ESPIRITUAL

Tener autoridad es una cosa, ejercerla es otra. Es probable que hayamos visto ejemplos de personas que tenían autoridad, pero que la ejercían poco o nada. Por ejemplo, los padres tienen autoridad en virtud de la posición que ocupan en la familia; sin embargo, no siempre la utilizan para suplir las necesidades de sus hijos o para disciplinarlos. Asimismo, los creyentes tienen autoridad para pedir sanidad en el nombre de Jesús, pero no siempre la ejercen.

RECLAMEMOS LA AUTORIDAD

Jesús dijo: «Les aseguro que si alguno le dice a este monte: "Quítate de ahí y tírate al mar", creyendo, sin abrigar la menor duda de que lo que dice sucederá, lo obtendrá. Por eso les digo: Crean que ya han recibido todo lo que estén pidiendo en oración, y lo obtendrán» (Marcos 11:23-24). Tal vez digas: «¡Un momento! Yo oré pidiendo algunas cosas anteriormente, pero no las recibí». Es dentro del marco del pacto que podemos pedir y recibir de Dios.

En el nombre de Jesucristo, tenemos el derecho a pedir las cosas que nos fueron dadas a través de él.

Por ejemplo cuando estamos enfermos, solemos gastar muchísima energía quejándonos por nuestra enfermedad. En cambio, lo que podríamos decir es lo siguiente: «Como hijo de Dios y como parte del pacto con el Dios Todopoderoso, quiero recibir la sanidad que me pertenece en el nombre de Jesús». Así se ejerce la autoridad. Como hijos de Dios, tenemos el privilegio de pedir que el poder contractual divino se ejerza a nuestro favor.

EJERCITEMOS LA FE

El ejercicio de la autoridad contractual es un acto de fe. Lucas 17:3-6 dice:

> Así que, ¡cuídense! Si tu hermano peca, repréndelo; y si se arrepiente, perdónalo. Aun si peca contra ti siete veces en un día, y siete veces regresa a decirte "Me arrepiento", perdónalo.
>
> Entonces los apóstoles le dijeron al Señor:
>
> —¡Aumenta nuestra fe!
>
> —Si ustedes tuvieran una fe tan pequeña como un grano de mostaza —les respondió el Señor—, podrían decirle a este árbol: "Desarráigate y plántate en el mar", y les obedecería.

Jesús les dijo a sus discípulos que si tuvieran fe del tamaño de una pequeña semilla de mostaza, podrían ordenarle a un árbol de moras (el cual tiene raíces sumamente grandes) que se desarraigara. Los discípulos comprendieron que Jesús no estaba hablando de un servicio de remoción de árboles, sino de la raíz de amargura que puede crecer en el corazón humano después de haber sido lastimado. Cuando alguien nos perjudica, podemos permitir que la raíz de amargura se apodere del corazón y se profundice cada vez más, o por la autoridad que Dios nos concedió, renunciar a ella y ordenarle que salga de nuestra vida. Jesús les respondió a sus discípulos que no necesitaban tener más fe, sino simplemente aplicar la poca fe que tenían y expresar aquello que estaba en conformidad con la Palabra, la voluntad y el método de Dios.

Lo mismo sucede con nosotros: tenemos que ejercer la autoridad que nos fue dada y *hablarle* a la enfermedad; enfrentarla con la autoridad que tenemos en Cristo.

OREMOS

Padre:

Quiero ejercer la autoridad que me has dado a través de Jesucristo. Ya no quiero atemorizarme frente a la enfermedad o el dolor, sino orar con valentía e incluso hablarles a las enfermedades y ordenarles que se vayan, de manera que tu poder sanador se despliegue sobre aquellos que sufren.

Te lo pido en el nombre de Jesús,

Amén.

A fin de obtener más preguntas de debate para grupos pequeños sobre este capítulo y otros recursos relacionados con la sanidad, visita www.wesleyan.org/gsh.

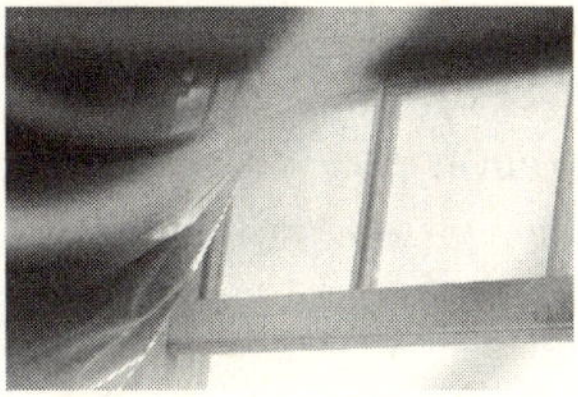

DIECISIETE

¿CÓMO AFECTA MI VIDA ESPIRITUAL LA EFICACIA DE MIS ORACIONES?

La sanidad aumenta con el ayuno, la oración y la percepción de lo que el Padre está haciendo.

—Escuché que el pastor Bernardo dice que todos tenemos autoridad para sanar, pero no lo creo. Le he pedido a Dios que sane a muchísimas personas, y la mayoría se murió. No es mi don.

Miguel Benítez hizo un hoyo desde un metro y medio de distancia, luego miró a su compañero, Leonel Verdasco, y dijo:

—¿Qué piensas de todo este asunto?

Leonel asintió con la cabeza. Los dos amigos jugaban dieciocho hoyos casi todos los sábados por la mañana, y Leonel sabía muchas cosas acerca de su compañero por las diversas conversaciones que tenían mientras recorrían el campo de golf. Miguel le agradaba, pero también se daba cuenta de que la vida espiritual de su amigo era ineficaz en muchos aspectos, no solo en el tema de orar por la sanidad.

—¿Y tú? —preguntó Miguel—. ¿Tienes el don de la sanidad?

—No creo que ese sea mi don espiritual —dijo Leonel—, pero sí he visto obrar a Dios claramente. He visto personas que se sanaron.

—¿En serio? —dijo Miguel sorprendido—. Entonces, ¿por qué crees que tus oraciones son más eficaces que las mías?

—No sé —contestó Leonel—. A propósito, hace un par de meses que no te veo en el estudio bíblico. ¿Sigues leyendo la Biblia?

—Ehh, sí —dijo Miguel vacilando—, cuando tengo tiempo. En realidad, estoy bastante ocupado... Oye, tengo entradas para ir a ver un torneo de fútbol el domingo. ¿Quieres venir?

Cuando oramos por sanidad, estamos ejerciendo los derechos del pacto como hijos de Dios. Por esa razón, cuando nos acercamos al Padre en oración, es importante que estemos en una relación correcta con él. Ya vimos la vinculación entre la confesión y la sanidad. El pecado no confesado, la amargura y el resentimiento pueden ser estorbos significativos para la sanidad. Otros aspectos de la vida espiritual también la afectan. Cuando ellos están en orden, somos más eficaces al orar por la sanidad. Cuando estas esferas de nuestra vida espiritual no están como deberían, pueden convertirse en estorbos que impiden que el poder sanador de Dios se despliegue en nosotros.

AYUNAR Y ORAR

Marcos 9 registra una ocasión en que Jesús sanó a un muchacho endemoniado. Era un caso difícil, y los discípulos del Señor no pudieron ayudar al joven. En su desesperación, el padre le explicó a Jesús lo que pasaba, y entonces el Señor expulsó al demonio. Más tarde, cuando se quedaron solos, los discípulos preguntaron por qué no habían podido echar fuera al demonio, y Jesús les respondió: «Esta clase de demonios solo puede ser expulsada a fuerza de oración» (Marcos 9:29). Algunas traducciones dicen solamente «con oración», pero ciertos antiguos manuscritos de la Biblia y varias traducciones modernas declaran «con oración y ayuno».

Lo intrigante de este incidente es que los discípulos no le pidieron a Jesús que les enseñara cuándo orar o cómo ayunar. Da la impresión de que sabían *cómo* hacer estas cosas. La cuestión era que debían hacerlas con más frecuencia. Hacía bastante tiempo que estos discípulos viajaban con Jesús, así que es probable que supieran que él ayunaba y oraba continuamente. Jesús estaba habituado a levantarse temprano a fin de a un lugar tranquilo para orar, y a menudo se escabullía para hablar a solas con su Padre. La instrucción que les dio en este caso era que debían hacer lo mismo.

También es interesante observar que en la otra ocasión en que los discípulos le preguntaron acerca de la oración, uno de ellos le dijo: «Señor, enséñanos a orar» (Lucas 11:1). No dijo: «Enséñanos *cómo* orar», sino «Enséñanos *a* orar»... ¡es decir, a hacerlo! No está claro que esta manera de expresar la frase haya sido intencional, pero es interesante. Parece ser que los discípulos entendían en qué consistían la oración y el ayuno; la cuestión era que no le dedicaban suficiente tiempo.

Hay una relación directa entre nuestra vitalidad espiritual y la capacidad de orar con eficacia.

Hay una relación directa entre nuestra vitalidad espiritual y la capacidad de orar con eficacia por la sanidad. Cuando estamos conectados con el Padre mediante las disciplinas espirituales de la oración y el ayuno, pediremos de manera más eficaz por la sanidad. Repito lo siguiente: esto es un principio, no una ley. Ayunar antes de ir al hospital a orar por un enfermo no es garantía de que esa persona se sanará de manera milagrosa. No obstante, cuando estamos en comunión con el Padre, es mucho más probable que oremos con eficacia, y hay más posibilidades de que se produzca la sanidad.

VEAMOS LO QUE EL PADRE ESTÁ HACIENDO

Nuestra conexión espiritual se extiende más allá de las disciplinas de la oración y el ayuno. Cuando estemos más comunicados con Dios, comenzaremos a conocer su corazón y percibiremos sus intenciones en cuanto a nosotros y los que nos rodean. Veremos qué está haciendo el Padre y nos uniremos a él. Cuando no podamos ver lo que él está haciendo, nuestras oraciones serán ineficaces.

LOS OJOS DE JESÚS PUESTOS EN EL PADRE

Juan era el discípulo que más conocía a Jesús. De los doce, había un círculo más íntimo constituido por tres de ellos: Pedro, Jacobo y Juan. De estos tres, a Juan se le denomina «el discípulo a quien Jesús amaba». Y esto es lo que este discípulo dijo acerca de este tema de ver lo que el Padre está haciendo.

Juan 5:19 indica: «Entonces Jesús afirmó: "Ciertamente les aseguro que el hijo no puede hacer nada por su propia cuenta, sino solamente lo que ve que su padre hace, porque cualquier cosa que hace el padre, la hace también el hijo"».

Juan 5:30 registra las siguientes palabras de Jesús: «Yo no puedo hacer nada por mi propia cuenta; juzgo sólo según lo que oigo, y mi juicio es justo, pues no busco hacer mi propia voluntad sino cumplir la voluntad del que me envió». Esta es la segunda vez que el Señor dice: «No lo puedo hacer por mi cuenta; solo hago lo que el Padre me dice que haga».

Juan 8:28 dice: «Por eso Jesús añadió: "Cuando hayan levantado al Hijo del hombre, sabrán ustedes que soy yo, y que no hago nada por mi propia cuenta, sino que hablo conforme a lo que el Padre me ha enseñado"».

Juan 12:49 declara: «Yo no he hablado por mi propia cuenta; el Padre que me envió me ordenó qué decir y cómo decirlo».

Juan 14:10 afirma: «¿Acaso no crees que yo estoy en el Padre, y que el Padre está en mí? Las palabras que yo les comunico, no las hablo como cosa mía, sino que es el Padre, que está en mí, el que realiza sus obras».

Es evidente que Jesús entendía la importancia de estar en conexión con el Padre. Nuestro Señor sabía que estaba ocupado en los negocios de su Padre. Lo mismo debería suceder con todos los discípulos de Cristo; y en especial, cuando procuramos continuar su ministerio de sanidad. Una manera de orar con más eficacia por los enfermos es ver qué está haciendo el Padre y unirnos a él en la tarea.

DESCUBRAMOS LA OBRA DEL PADRE

¿Cómo logramos percibir dónde está obrando Dios y qué desea que hagamos? Deja que el Espíritu Santo lo imprima en tu corazón. Cuando estés orando por alguien, tal vez te muestre algo muy importante en cuanto a cómo tratar con esa persona. En una ocasión, yo estaba orando para que un hombre se sanara y sentía algo sumamente intenso relacionado con la palabra *cuñado*. Me daba vueltas en la cabeza todo el tiempo: «Cuñado, cuñado». Por último, le pregunté al hombre:

—¿Sucede algo con tu cuñado que yo deba saber?

Me miró sorprendido y preguntó:

—¿Cómo lo supo?

—En realidad, no sé nada —le dije—, simplemente sentí que debía preguntarte.

Entonces me contó acerca de la tremenda amargura que tenía en el corazón a causa de su cuñado.

—En primer lugar, ocupémonos de eso, y luego pondremos ante el Señor el tema de la sanidad —dije yo.

Cuando averigües qué está haciendo el Padre, él te revelará cosas que será necesario resolver.

Aquí es importante aclarar una cosa, porque podría ser terriblemente impertinente decirle a alguien: «Dios me dijo que te dijera…»
. Incluso desde el púlpito, siempre cuido de no usar la frase: «Dios me dijo». Encuentro que es mejor decir: «Parece ser que Dios está guiando las cosas en esta dirección», o «Si es que estoy escuchando bien lo que dice el Padre…» Es necesario que tengamos cuidado de no decirle a la gente lo que *suponemos* que Dios está haciendo, porque podríamos estar muy equivocados.

> Cuando mantengamos los ojos puestos en el Padre, veremos que hay sanidad.

No obstante, la mayoría de nosotros somos *demasiados* cautelosos en esta área. Somos renuentes a seguir la guía del Espíritu; y por lo tanto, debemos esforzarnos más para responder a lo que Dios coloca en nuestros corazones. Cuando Jesús sanaba a la gente durante el día de reposo, los líderes religiosos de esa época se enojaban porque pensaban que «trabajar» sanando a las personas ese día era quebrantar la ley de Dios. Sin embargo, Jesús fue fiel a su llamado, cumplió con valentía su ministerio de sanidad y afirmó que seguiría haciéndolo. Él estaba en armonía con la voluntad del Padre, y eso le daba valor para actuar en función de ella. A nosotros nos sucederá lo mismo cuando percibamos lo que está haciendo el Padre.

ESCUCHEMOS LA VOZ DE DIOS

Ahora bien, ¿cómo nos llegan las palabras del Señor? Lo hacen de diversas maneras. John Wimber enseñaba que a veces puede ser en forma visual, a través de una imagen que se genera en la mente; mientras que en otras ocasiones puede parecerse más a un título escrito en un estandarte, una afirmación que el Espíritu Santo te declara con intensidad. Mi creencia personal es que se presenta como una percepción muy definida, algo que uno simplemente sabe que es así.

Mi esposa y yo estábamos orando por un matrimonio y ella comenzó a referirse a un tema que a mí me parecía que no tenía nada que ver con la persona por la cual orábamos. Dijo: «Miedo. La palabra clave es *miedo*». Aunque habíamos orado por esta pareja durante un tiempo, no veíamos ningún cambio. Sin embargo, cuando comenzamos a tocar el tema del miedo en nuestras oraciones, las cosas cambiaron.

Otras veces, Dios sencillamente puede colocar sus palabras en tu boca para que las expreses literalmente. En el capítulo 2, relaté el caso cuando oré por un evangelista que estaba enfermo y me encontré que de mis labios salían palabras que nunca antes había usado. Dije: «¡En el nombre de Jesús, te mando que salgas de él!» Yo mismo me quedé pasmado; estaba expresando las palabras que Dios quería que dijera.

LA IMPORTANCIA DE LA PUREZA

En las Escrituras hay una secuencia muy importante que se ilustra en la limpieza que Jesús hizo del templo. El relato se encuentra en Mateo 21:12-16.

> Jesús entró en el templo y echó de allí a todos los que compraban y vendían. Volcó las mesas de los que cambiaban dinero y los puestos de los que vendían palomas. «Escrito está —les dijo—: "Mi casa será llamada casa de oración"; pero ustedes la están convirtiendo en "cueva de ladrones"».
>
> Se le acercaron en el templo ciegos y cojos, y los sanó. Pero cuando los jefes de los sacerdotes y los maestros de la ley vieron que hacía cosas maravillosas, y que los niños gritaban en el templo: «¡Hosanna al hijo de David!», se indignaron.
>
> —¿Oyes lo que ésos están diciendo? —protestaron.
>
> —Claro que sí —respondió Jesús—, ¿no han leído nunca: "En los labios de los pequeños y de los niños de pecho has puesto la perfecta alabanza"?

Observa la secuencia de los acontecimientos. En primer lugar, Jesús purificó de impurezas el templo para que la gente pudiera orar. Luego se instaló allí, y la gente iba para sanarse. Por último, la gente elevaba la voz en alabanza por las maravillas que habían visto. Pureza, plegaria, presencia, poder, alabanza; esta parece ser la secuencia bíblica. Cuando purificamos nuestros corazones y clamamos a Dios, experimentamos su presencia; junto con su presencia, viene su poder; después de la demostración de poder brota una alabanza incontenible. Si nuestras oraciones por la sanidad son ineficaces, tal vez se deba a que buscamos el poder de Dios sin antes purificarnos y buscar su presencia. Sin embargo, cuando nos unimos al Padre mediante el ayuno y la oración, y luego observamos y escuchamos para discernir su voluntad, estamos poniéndonos en condiciones de ver el despliegue de su poder sanador.

OREMOS

Padre:

Siempre que te busco, te manifiestas; sin embargo, no te busco con regularidad. He permitido que mi trabajo, mi familia y las ocupaciones de la vida me distraigan de lo más importante: mi relación contigo. Señor, ayúdame a cuidar con diligencia mi alma, a alimentarme de tu Palabra y obtener tu fortaleza a través de la oración. Hazme una persona fuerte y saludable para que pueda llevarles sanidad a quienes la necesitan.

Te lo pido en el nombre de Jesús,

Amén.

A fin de obtener más preguntas de debate para grupos pequeños sobre este capítulo y otros recursos relacionados con la sanidad, visita www.wesleyan.org/gsh.

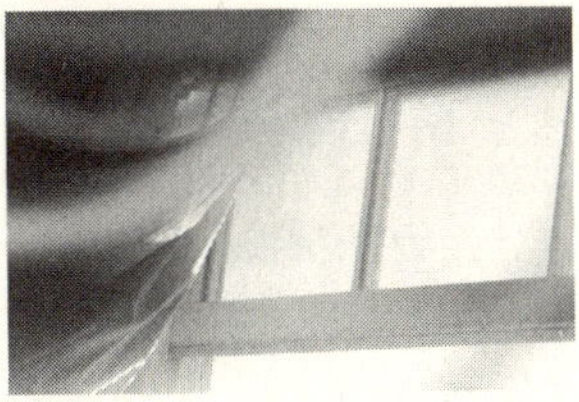

DIECIOCHO

SI DESCUIDO MI SALUD, ¿QUÉ PUEDO ESPERAR DE DIOS?

Nuestro estilo de vida puede afectar la posibilidad de experimentar la sanidad.

—Pastor, ¿por qué no predica nunca sobre la sanidad?

La pregunta tomó por sorpresa al pastor Rodolfo. Después de seis años en la Iglesia de la Gracia, pensó que ya había declarado «todo el consejo de Dios».

—Durante el verano, voy a planificar los mensajes para el año que viene —dijo Rodolfo—, y veré si Dios pone ese tema en mi corazón.

Sin embargo, él sabía que no iba a tocar el tema de la sanidad divina. Con más de cuarenta y cinco kilos de exceso de peso, el pastor de treinta y cinco años de edad tenía varios problemas de salud directamente relacionados con la obesidad. Cada vez que caminaba unos pocos metros, le dolían todas las articulaciones, y cuando subía una escalera o cortaba el césped, se agitaba muchísimo.

«Mírenme, tengo la presión sanguínea descontrolada y el colesterol altísimo. Mi vida es un desastre. ¿Cómo voy a predicar sobre la sanidad?», pensó Rodolfo desalentado. Se hundió en su silla en la oficina y se quedó con la mirada fija en la ventana. Al rato, estiró el brazo para alcanzar el frasco con chocolates que tenía en un costado del escritorio.

«Y lo peor de todo es que no puedo dejar de comer», pensó.

Acabo de rebajar treinta y cinco kilos. No estoy orgulloso del sobrepeso que tenía. ¡Cuando la gente decía: «Jim Garlow es un predicador "pesado"», no solo se referían al contenido de mis mensajes! A pesar de mi logro reciente, no me considero un experto en el área de adelgazar. Sin embargo, aprendí esta importante lección: Hay una relación indiscutible entre el cuerpo y el espíritu. La salud física y el bienestar espiritual están íntimamente vinculados. También aprendí que las elecciones que hacemos en cuanto a los hábitos, la dieta y la actividad física afectan tremendamente nuestra salud *y* la posibilidad de experimentar la sanidad divina. El apóstol Pablo decía que nuestro cuerpo es «templo» del Espíritu Santo; no obstante, con treinta y cinco kilos de más, ¡mi «templo» era mucho más grande de lo que el Espíritu Santo necesitaba! Dado que nuestros cuerpos son sin duda el templo del Espíritu Santo, la manera como los tratamos tiene importantes implicaciones para la salud física y espiritual. El estilo de vida que llevamos puede afectar en forma significativa nuestra posibilidad de experimentar el poder sanador de Dios.

LA FE CONTRA EL ATREVIMIENTO

Por años tuve exceso de peso y como resultado experimenté algunos problemas de salud de poca importancia. Durante esa época, me resultaba difícil hablar con autoridad sobre los temas de la salud en general y en particular de bajar de peso. La razón es simple: sabía que no estaba haciendo lo que debía en esa esfera de mi vida. Mis hábitos alimentarios y de ejercitación física no eran buenos para la salud. Todos los problemas de salud, desde la artritis, pasando por la diabetes y hasta las enfermedades cardíacas se relacionan con nuestro estilo de vida, y en particular con el sobrepeso. Otros problemas físicos graves son el resultado de decisiones perjudiciales como comer en exceso, usar tabaco o alcohol, o abusar de las drogas. A veces la gente se pregunta si Dios nos sana de estas enfermedades que suelen estar directamente relacionadas con nuestras decisiones equivocadas y un mal comportamiento.

A fin de considerar esta cuestión, observemos la diferencia entre *fe* y *atrevimiento*. Fe es confiar en que Dios hará lo que dijo que haría; es la actitud de creer que él continúa sanando y que su poder sanador está a nuestra disposición en el día de hoy. Dios dijo que sana, y la fe cree que lo hará. Se podría decir que la fe es responsabilizar a Dios por lo que dijo que iba a hacer.

Por otro lado, el atrevimiento es responsabilizar a Dios por lo que nosotros queremos que haga. Cuando Jesús fue tentado en el desierto, Satanás lo llevó a la parte más alta del templo y le dijo que se arrojara desde allí y que confiara en que Dios lo iba a sostener: «Pues escrito está: "Ordenará que sus ángeles te cuiden … para que no tropieces con piedra alguna"» (Lucas 4:9-10). La Escritura se citó correctamente, pero se aplicó de manera equivocada. Por esa razón, Jesús se dio cuenta de que sería atrevido esperar que Dios lo hiciera, ya que no era su verdadera intención. El Señor respondió: «No pongas a prueba al Señor tu Dios» (Lucas 4:12).

Es atrevido requerir que Dios nos sane mientras seguimos tomando decisiones perjudiciales.

Asimismo, somos atrevidos cuando reclamamos la promesa de Dios de sanarnos mientras continuamos tomando decisiones equivocadas o practicando hábitos perjudiciales. Es verdad que Dios puede curar cualquier enfermedad, incluso los problemas cardíacos o el cáncer; sin embargo, es atrevido vivir un estilo de vida perjudicial, que ignora el mandato de Dios de honrarlo con nuestros cuerpos, y luego esperar que de forma milagrosa nos provea una buena salud. No tiene sentido abusar del cuerpo y luego orar por un milagro. Para ser dignos de recibir el poder sanador divino debemos ejercer el buen juicio. Esto se aplica en particular a la obesidad, pero también a otras enfermedades relacionadas con los hábitos de vida. Cuando honramos a Dios con nuestros cuerpos, no es atrevido reclamar que aplique su poder sanador sobre las enfermedades.

COLABOREMOS CON LA SANIDAD

A través de mi experiencia reciente con relación a la pérdida de peso, descubrí que hay algunas decisiones sobre el estilo de vida que afectan en gran manera la salud. Sin embargo, tal como sucede con todos los principios que se desarrollan en este libro, no constituyen leyes. Poner en práctica estos comportamientos no es garantía de una buena salud, pero vivir en conformidad con estos preceptos aumentará la posibilidad de gozar de bienestar físico.

DECISIÓN

Después de muchos fracasos tratando de mantener el peso adecuado, finalmente pude lograrlo. Para ser honesto, esa victoria fue el resultado de la desesperación. Un día me dije: «No voy a vivir así por el resto de mi vida».

Hace varios años, cuando el equipo de Billy Graham vino a San Diego para coordinar una conferencia, los organizadores se quedaron asombrados de que en solo cuatro meses los pastores y los líderes cristianos de esta comunidad la prepararan. Dijeron: «¿Cómo puede ser? Por lo general, lleva mucho más tiempo». Yo respondí: «Es que estamos desesperados por ver un reavivamiento espiritual». Cuando estés de veras desesperado, cansado de vivir un estilo de vida poco saludable, estarás espiritualmente listo para efectuar los cambios necesarios a fin de mejorar la salud.

RESPONSABILIDAD

Para lograr bajar de peso, tuve que reconocer que necesitaba ayuda. Hace muchos años había rebajado un poco, así que pensé que podía volver a hacerlo, pero no fue así. Necesité que otras personas me ayudaran. Me uní a un grupo de gente que necesitaba bajar de peso y humildemente reconocí que no lo podía hacer solo. Nos necesitamos unos a otros; Dios nos hizo así. Cuando te unes a otras personas que te respaldan y a las que tienes que rendirles cuentas, es mucho más probable que logres establecer un estilo de vida saludable.

HABILIDAD

La primera lección que aprendí en la clase para adelgazar fue que la fuerza de voluntad no basta para alcanzar buenos resultados. Nuestro líder se paró delante de nosotros y dijo: «No tienen que tener fuerza de voluntad para triunfar. Si la tuvieran, para empezar no estarían aquí. Lo que necesitan es fuerza de *habilidad*. Luego de seguir detalladamente el consejo de mis instructores y mi médico, pude rebajar treinta y cinco kilos en veintidós semanas. Cuando reconoces que no sabes todo lo que necesitas saber, te colocas en posición de aprender, y cuando aprendas a vivir de una manera saludable y utilices la libertad que Dios te dio para tomar decisiones correctas, triunfarás.

COMUNIÓN

Todos necesitamos que nos alienten. En mi programa para adelgazar, me incentivaba el estímulo que recibía de los integrantes del grupo. Para sentir el respaldo espiritual que te hace falta a fin de gozar de buena salud y de la sanidad, es esencial que formes parte de una iglesia local donde te reúnas permanentemente con otros creyentes y recibas su apoyo y estímulo. Si no asistes a una iglesia, te estás perdiendo una fuente importante de ayuda para vivir un estilo de vida saludable.

VISIÓN

Durante los momentos difíciles, una visión práctica fue lo que me motivó a seguir bajando de peso. En mi guardarropa todavía tenía un traje que me había comprando cuando me gradué hace casi treinta años. Lo había comprado en Londres, y era de corte europeo. Era un traje muy elegante, y soñaba con poder volver a ponérmelo. Más que lograr que me quedara bien, lo que deseaba era sentirme mejor. Pensaba: «¡Qué bendición va a ser para mi familia!» Ese sueño me mantenía motivado. Finalmente, llegó el día en que volví a ponerme el traje. Fue una experiencia sumamente emocionante para mí; sin embargo, sigo manteniéndome alerta.

También guardo uno de mis trajes grandes para recordarme a mí mismo que, si me descuido, tendré que volver a usarlo.

Imagina tu vida gozando de buena salud; piensa en tu aspecto con quince kilos menos; vislumbra lo que sería vivir sin depender del tabaco o el alcohol. Proyecta la visión que Dios tiene de tu futuro y ve tras ella.

PENSAMIENTOS SALUDABLES

Quizá lo más significativo que puedes hacer para mantener cambios saludables en tu estilo de vida es transformar tu manera de pensar. Los pensamientos equivocados producen resultados equivocados. Entender los principios correctos genera resultados correctos. Cuando pensamos (es decir, creemos) cosas incorrectas, fracasamos. No obstante, ¿qué sucedería si pensáramos como «perdedores» en el sentido de pensar como los que de veras *pierden* peso? ¿Qué pasa si modificamos la mente para respaldar nuestros deseos físicos? En mi caso, los resultados de haber hecho esto fueron cruciales, y en tu vida puede suceder lo mismo. A continuación aparecen algunos pensamientos sanos que fomentan un estilo de vida saludable. Algunos de estos conceptos son propios, y otros los tomé prestados de algunos maestros. Concéntrate en estas palabras claves para respaldar los cambios en tu estilo de vida.

> Cuando decidimos vivir un estilo de vida saludable, estamos en condiciones de recibir la sanidad divina.

- *Pensamiento:* Si cambio mi manera de pensar, cambiaré mi comportamiento. En definitiva, la gordura está en mi cabeza.

- *Desesperación:* Mi capacidad de cambiar está en relación directa con la desesperación que siento. ¿Estoy de veras cansado de vivir de esta manera?

- *Pasión:* La pasión es mi combustible; inviste de poder a mis acciones.

- *Estrategia:* La estrategia es mi guía; dirige mi pasión hacia un objetivo.

- *Reconocimiento:* Dos palabras cambiarán mi vida: «Necesito ayuda».

- *Humildad:* No se trata de mí.

- *Visión:* Soy capaz de ver en qué me convertiré.

- *Posesión:* Yo no creé mi cuerpo, y no me pertenece. Soy administrador de él; por lo tanto, lo trataré como corresponde.

- *Excusas:* Puedo tener excusas o puedo tener resultados, pero no ambas cosas.

- *Resultados:* Prefiero tomar decisiones que generen resultados.

- *Decisiones:* Dado que tienen efecto acumulativo, prestaré atención aun a las decisiones de poca importancia y que aparentemente no generan consecuencias.

- *Cambio:* Puedo cambiar; no tengo que seguir del mismo modo.

- *Habilidad:* Como carezco de poder, necesito desarrollar «fuerza de habilidad».

- *Registros:* Llevar registros diarios precisos es una manera de decir que valoro la vida.

- *Parámetros:* Dado que en el pasado no protegí mis hábitos de manera adecuada, en el presente los parámetros bien establecidos son mis aliados.

- *Ejercicio:* No me gustan los ejercicios físicos, pero me encanta *haber* hecho ejercicios. Por esa razón, decidí ser una persona activa.

- *Placer:* Puedo tener placer ahora y angustia después, o disciplina ahora y placer después.

- *Disciplina:* La disciplina me concede los sueños de mi corazón; la falta de disciplina los destruye.

- *Consecuencias:* Las malas acciones traen malas consecuencias. Las buenas acciones, buenas consecuencias. Yo prefiero las buenas consecuencias; por lo tanto, elijo las buenas acciones.

- *Determinación:* La determinación es una amiga que siempre valoraré y protegeré.

- *Aprendizaje:* Prefiero aprender diariamente.

- *Silencio:* Yo no soy el maestro, soy el alumno. Haré preguntas o me quedaré callado.

- *Opinión:* Mi meta este año es tener un veinte por ciento menos de opiniones.

- *Predilecciones:* Me limitaré a disfrutar solo de aquellas cosas que no me desvíen de los objetivos.

- *Rutina:* A fin de escapar de la ruta de la destrucción, estableceré rutinas nuevas y saludables.

- *Variedad:* Seré lo suficiente creativo como para descubrir variedades dentro de los parámetros establecidos para mí.

- *Éxito:* No permitiré que mis éxitos me expongan al fracaso.

- *Fracaso:* No permitiré que mis fracasos me hagan pensar que no puedo tener éxito.

- *Respaldo:* Acepto el respaldo de otras personas que estimulen los hábitos saludables.

- *Elogios:* Si bien acepto los elogios, prefiero vivir según los principios eternos en lugar de basado en las opiniones de los demás acerca de mí.

- *Temor:* Aunque decidí evitar los temores dañinos, me aferro al temor saludable que impedirá que haga cosas perjudiciales para mi vida.

- *Crítica:* Cuando haga lo correcto y saludable para mi vida, no reaccionaré ante la crítica de los demás ni dejaré que la misma me desaliente.

- *Resistencia:* Puedo sobrevivir al problema que enfrento.

- *Gustos:* Los gustos pueden ser mis amigos, pero no permitiré que sean mis amos.

- *Convicciones:* Los gustos son las cosas por las que vivo; las convicciones son aquello por lo que doy la vida.

- *Principios:* Los principios son para mí como los rieles para un tren: me guían hacia la meta.

- *Esperanza:* La esperanza me sostiene en los momentos difíciles.

- *Hambre:* No permito que el hambre física gobierne mi vida.

- *Mente:* Mi mente gobierna mi cuerpo.

- *Espíritu:* Mi espíritu gobierna mi mente, la cual rige sobre mi cuerpo.

- *Enfoque:* Prefiero llenar mi mente de pensamientos sanos que produzcan resultados saludables.

- *Meditación:* Mi espíritu fue creado para tener pensamientos elevados.

- *Continuidad:* Acepto la realidad de que siempre debo seguir avanzando.

AL ENCUENTRO DE LA SANIDAD

Con vergüenza, debo reconocer que no hice ejercicios con regularidad por veinte años ahora, los hago todos los días. Durante años comí muchos dulces; ahora como muchas frutas y verduras. Hoy estoy más saludable que hace dos años. Con la ayuda de Dios, dentro de dos años estaré aun mejor que ahora. Sé que las decisiones que tomé en el pasado fueron perjudiciales para mi salud física, emocional y espiritual, y me doy cuenta de que las buenas decisiones que estoy tomando ahora me conducen a una vida mejor y más plena. Le agradezco a Dios por su fidelidad aun cuando soy egoísta y tomo decisiones equivocadas; de todos modos, no soy tan arrogante como para creer que puedo desobedecer abiertamente los principios divinos para la vida y esperar que él siempre obre un milagro. He descubierto que cuando vivo según la Palabra de Dios y hago lo mejor para honrarlo con mi cuerpo, me pongo en condiciones de recibir su poder sanador. Sin embargo, no quiero tener siempre la necesidad de ser sanado; quiero vivir una vida saludable.

Esto también se aplica a tu vida.

OREMOS

Padre:

Decido poner mi cuerpo en condiciones para que sea el templo del Espíritu Santo. Me regocijo de que estés dispuesto a vivir dentro de mí, y deseo honrarte con mi cuerpo. Dame sabiduría para tomar decisiones sabias y rodearme de amigos que me pidan cuentas de mi proceder. Perdona mis fracasos en esta área de mi vida y capacítame para hacer todo lo posible a fin de conservar la vida y la salud que me has dado.

Te lo pido en el nombre de Jesús,

Amén.

A fin de obtener más preguntas de debate para grupos pequeños sobre este capítulo y otros recursos relacionados con la sanidad, visita www.wesleyan.org/gsh.

DIECINUEVE

¿SON REALES LOS DEMONIOS?

Los demonios son reales y provocan caos y desorden, incluso enfermedades.

Mercedes y Paula habían sido amigas desde que eran bebés en la guardería de la iglesia. Ahora que estaban por terminar la escuela secundaria, Mercedes sentía que su amiga se estaba alejando de Dios... y de ella.

Hacía un par de semanas, Paula había tratado de convencer a Mercedes de ir a una fiesta donde adivinarían la suerte, pero esta se sentía incómoda con eso y dijo:

—Tengo que hacer unas tareas para la escuela, y además, todo eso me da un poco de miedo.

Un día, Paula no fue a la escuela. Esa misma tarde, Mercedes llamó a la casa y le contestó la madre.

—Soy Mercedes. ¿Paula está bien? Vi que hoy no fue a la escuela.

—Gracias por llamar, Mercedes. En realidad, Paula está enferma, pero no sabemos bien qué le pasa. Está muy rara. Estoy segura de que se va a poner contenta si la vienes a visitar.

En cuanto Mercedes entró en la habitación de Paula, se dio cuenta de que a su amiga le pasaba algo. No solo eso, también percibió como que había algo extraño... algo malo.

—Paula... ¿estás bien?

—No me toques —gritó Paula—. ¡Vete de aquí!

Mercedes retrocedió lentamente hacia la puerta. «Esta no es Paula», pensó. «¿Qué pasa aquí?

Este es un libro sobre sanidad, no sobre liberación. No obstante, a veces esta precede a la sanidad. Por esta razón, es necesario que sepamos algo sobre la liberación a fin de entender la sanidad divina. Si bien corro el riesgo de ser malinterpretado, y aunque el tema merece ser tratado de manera extensiva, voy a reducir su desarrollo a unas pocas páginas.

Hay un mundo espiritual que no podemos ver, y ese mundo incluye las potestades espirituales de las tinieblas.

Conviene que en este momento haga una advertencia. Hay dos extremos, dos «cunetas», donde debemos evitar caer. En primer lugar, no tenemos que asumir de forma apresurada que un enfermo padece influencias demoníacas. Es un error considerar que los demonios son los causantes de todas las enfermedades. Esto es perjudicial porque puede desviar la atención de la causa verdadera. Los que caen en esta cuneta ven a un demonio debajo de cada piedra; se obsesionan con que «Satanás me está atacando». Es necesario que nos mantengamos fuera de esa cuneta.

En el otro extremo del camino está la cuneta de la negación, que consiste en no estar dispuesto a admitir que los demonios existen, actúan en nuestro mundo y pueden oprimir a los creyentes. Los que caen en este error desestiman un pasaje importante del Nuevo Testamento. Ambas cosas, la obsesión con los demonios y el negar su existencia, son un error. Evitémoslas.

CONCEPTOS ACERCA DE LOS DEMONIOS

¿Qué son los demonios? No lo sabemos con certeza. Algunos sostienen que son ángeles caídos; otros los consideran simples espíritus incorpóreos. Sí se sabe que están organizados en una especie de estructura jerárquica en el reino espiritual. Algunos afirman que la existencia de los demonios es solo el producto de un mundo primitivo y supersticioso. Dicen que los demonios no existen y que ninguna mente altamente desarrollada lo creería. Otros llegan a afirmar que Jesús solo simulaba creer que los demonios eran reales porque trataba con personas poco cultas. Según esta teoría, el Señor sabía que las personas a «liberaba» tenían en realidad problemas psicológicos.

Yo creo que Jesús sin duda aceptaba la existencia de un reino demoníaco y entendía que estaba conformado por Satanás y sus huestes de demonios. A Jesús le pareció importante enseñarles a sus seguidores a liberar a la gente de la actividad demoníaca. Y por más desagradable que sea el tema, nosotros también deberíamos aprender a orar por la liberación de las personas.

LOS DEMONIOS Y EL NUEVO TESTAMENTO

El Nuevo Testamento emplea varios términos y frases para describir a una personas afectada por un demonio: endemoniada, con espíritus inmundos, con demonios, turbada por espíritus inmundos, afligida, tomada por un espíritu, poseída por demonios, poseída por Satanás, e incluso llena de Satanás.

Jesucristo ya ganó la batalla contra Satanás y sus fuerzas.

¿Pueden los demonios molestar a un creyente? La mayoría de la gente diría que no. Por lo general, razonamos que si una persona está llena de Cristo, no puede ser poseída por un demonio al mismo tiempo. Sin embargo, llegamos a una conclusión errónea porque formulamos mal la pregunta.

Tal como mencioné en varias ocasiones, mi maestro de estos temas fue John Wimber. Él afirmaba que la actividad dc los demonios pocas veces termina en *posesión* demoníaca. Por eso, prefiero no usar nunca este término. En su lugar, me gusta más usar la frase *aflicción demoníaca*. ¿Qué diferencia hay? Esta frase nos permite ver la acción demoníaca como un proceso con diferentes niveles, en vez de como una condición de todo o nada.

Considera esta analogía. Después de consumir una pequeña cantidad de alcohol, una persona experimenta algunos efectos físicos, como la relajación. Después de beber un poco más, la capacidad para conducir se ve afectada, comienza a hablar mal, pierde sus reflejos. Finalmente, después de consumir una gran cantidad, pierde la conciencia. Por esta razón, el término *alcoholizado* describe mejor los efectos del alcohol que la palabra *borracho*.

La aflicción demoníaca es similar a esto, ya que puede manifestarse en diversos grados. Si un demonio está molestando a una persona, puede manifestarse solo en forma leve. Por otro lado, si la persona de veras está «poseída» por un demonio, los síntomas pueden resultar dramáticos.

VÍAS DE ACCESO

¿Cómo acceden los demonios a la vida de una persona? Sinceramente, no siempre lo sabemos; sin embargo, a continuación, aparece una lista de algunas de las maneras en que puede comenzar la aflicción demoníaca.

Deseos carnales: Cuando se suele ser excesivamente indulgente, cosas tales como las pasiones desordenadas, el robo, la mentira y la glotonería pueden ser áreas por donde Satanás entra en la vida de una persona.

Vulnerabilidades personales: Cada uno de nosotros tiene grietas en la armadura espiritual, áreas vulnerables de nuestra vida emocional o psicológica provocadas por traumas inusuales. Estas vulnerabilidades pueden atravesar nuestras defensas espirituales normales y saludables.

Participación en el ocultismo: Hurgar en la brujería o el ocultismo abre la puerta a la actividad demoníaca en nuestras vidas.

Abuso de alcohol o drogas: El abuso del alcohol o las drogas puede conducir a la adicción, una vía de acceso evidente para la actividad demoníaca.

Promiscuidad sexual: Practicado *por* nosotros o ejercido *sobre* nosotros, el pecado sexual genera consecuencias tremendas en la vida de todos los involucrados y puede ser una vía de acceso para la actividad demoníaca.

CONCEPTOS ACERCA DE LA LIBERACIÓN

¿Cuándo debemos orar para que alguien sea liberado de la aflicción demoníaca? A continuación aparecen algunos indicadores. En primer lugar, cuando la persona manifiesta un comportamiento compulsivo y no puede controlarlo. También cuando sencillamente sabe que tiene un demonio. Otra señal de la aflicción demoníaca es la conducta extraña. Una muestra más evidente, pero que se presenta con *menos frecuencia*, es cuando el demonio se manifiesta hablando a través de las cuerdas vocales de la persona. Los que tienen más experiencia en liberación saben que, en esos casos raros en los que sucede esto, quien encabeza el acto de liberar a la persona debe en primer lugar hacer callar al demonio e insistir en que no hable.

No obstante, antes de asumir que es necesario liberarla, hay que asegurarse de que esa persona aparentemente afligida esté poniendo en práctica las disciplinas cristianas básicas, como orar, leer la Biblia, ayunar, participar de los símbolos en la Cena del Señor, participar en grupos de comunión cristiana y tener compañeros confidentes, diezmar, servir y testificar. Algunos se confunden al asumir que «tienen un demonio» cuando la verdadera razón de su fracaso espiritual es la falta de disciplina.

PRESERVAR LA DIGNIDAD Y LA PRIVACIDAD

Lamentablemente, la liberación a veces se ha considerado como algo insustancial y también ha sido objeto de burla y fraude. Debemos tomar con seriedad el tema de la aflicción demoníaca sin ceder a la tentación de hacer alarde de haber participado con éxito en esta área. Además, es importante evitar culpar a la persona que necesita ser liberada. Debemos respetar y preservar su dignidad y privacidad. La liberación nunca debe hacerse en público, a menos que la situación lo requiera.

La liberación no consiste en gritar, jadear o repetir cantos, como se ve en algunas películas populares. Estas imágenes sobre la liberación han hecho que muchos creyentes tengan tanto miedo de la experiencia que no cumplen con la práctica que establecieron Jesús y sus primeros seguidores.

ORAR POR LA LIBERACIÓN

Para que una persona sea liberada de la aflicción demoníaca, debe tener deseos de que se produzca. Los que participan de las experiencias de liberación han descubierto un fenómeno inusual: en lo posible, es útil saber el nombre del demonio (el cual suele referirse a una tendencia o una acción, tal como «demonio del alcohol» o «demonio de la concupiscencia»).

La liberación comienza con una oración y un ayuno intensos. Es mejor orar en equipo, no a solas, y orar por protección para todos los que participen de la experiencia. De manera amable y con amor, se debe guiar en oración a la persona que necesita ser liberada para que confiese algún pecado que tenga en su vida. Intenta ver si hay amargura, resentimiento o falta de actitud perdonadora que actúe como una especie de fortaleza que encubra al Enemigo.

Usa un lenguaje directo y sencillo, como: «En el nombre de Jesús, ordeno a este espíritu malo que salga. Con la autoridad de Dios, le ordeno a este espíritu que salga sin dañar a esta persona ni a ninguna otra y sin crear disturbios. También le envío este espíritu a Jesucristo para que disponga de él como quiera». No hace falta gritar. La clave es el poder de Cristo, nada más ni nada menos. Nosotros no tenemos autoridad; Jesús es quien tiene toda la autoridad. La autoridad que nosotros ejercemos es la que él en su gracia nos ha dado. Cuando hablamos con Dios, pedimos; cuando hablamos con los demonios, ordenamos. No confundamos estos dos métodos. Nunca tenemos derecho a ordenarle a Dios; sin embargo, él nos da autoridad sobre los demonios.

LIBERACIÓN EXITOSA

¿Cómo sabremos que tuvimos éxito? La persona afligida por el demonio lo sabrá, ya sea de inmediato o algunos días después. No afirmes haber logrado la liberación, sino permite que el tiempo indique si el espíritu demoníaco fue exitosamente expulsado o no. Además, no te desalientes si el intento de liberación fracasó. Continúa orando, creyendo y, si Dios te guía, ayunando.

DESPUÉS DE LA LIBERACIÓN

Cuando una persona haya sido liberada de la aflicción demoníaca, ora para que sea llena del maravilloso Espíritu del Dios viviente. Enséñale a esa persona a andar en libertad y aliéntala enérgicamente a poner en práctica las disciplinas cristianas modelos mencionadas con anterioridad.

CONSEJO FINAL

Por último, a continuación aparece un consejo importante: No te enamores de la liberación. Esto fue lo que Jesús les advirtió a los setenta discípulos que regresaron de su exitoso viaje misionero. Ellos estaban asombrados ante el poder que acababan de ejercer sobre los demonios, entonces Jesús les dijo: «No se alegren de que puedan someter a los espíritus, sino alégrense de que sus nombres están escritos en el cielo» (Lucas 10:20). Es verdad que el Señor nos da autoridad para orar por la liberación de aquellos que están afligidos por los demonios; no obstante, no hay que jactarse de ese poder, sino más bien deleitarse en aquel que lo otorga.

OREMOS

Padre:

Tu Palabra promete que el poder de las tinieblas no soporta la presencia de Jesús. En Cristo, puedo reclamar protección del Enemigo. Te alabo, Dios Altísimo, por tu poder y tu fortaleza, y te agradezco por el amor que me rodea a mí y a todos los que creen en ti. Líbranos del mal. Te lo pido en el nombre de Jesús,

Amén.

A fin de obtener más preguntas de debate para grupos pequeños sobre este capítulo y otros recursos relacionados con la sanidad, visita www.wesleyan.org/gsh.

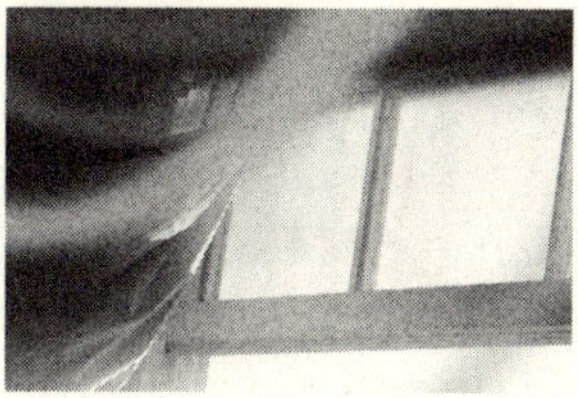

VEINTE

¿PUEDEN LAS ENFERMEDADES TENER UN VÍNCULO ESPIRITUAL DE UNA GENERACIÓN A OTRA?

Las acciones de una persona pueden afectar a las generaciones siguientes.

Todo el mundo le decía a Claudia Carmona que cumplir treinta años no era tan malo, pero una semana después de su cumpleaños, comenzó a sentirse vieja. Al principio empezó con mareos y luego con vahídos.

A la semana siguiente, la madre fue a visitarla.

—¿Cómo estás, querida? —le preguntó Norma Carmona sin darle mucha importancia—. ¿Los treinta son tan malos como pensabas?

—En realidad, son peor. Me sigo mareando. No sé qué me pasa.

Norma se puso seria al instante.

—¿Tienes vahídos?

—Sí, me empezaron hace casi dos semanas —dijo Claudia—. Me parece que voy a tener que ir a ver al médico.

—Sí —dijo Norma—, será mejor que vayas. Tal vez te ayude más que a mí.

—Mamá, ¿qué quieres decir con eso?

—A mí me pasaba lo mismo, querida. Y a tu abuela también. Yo tenía esperanzas de que esta... maldición pasara por alto una generación.

Claudia la miró sin entender.

—Vamos, mamá. ¿Una maldición familiar? Estás bromeando.

¿Cuántas veces has escuchado decir a algunos jóvenes algo como: «*Nunca* voy a ser como mi papá» o «No soporto que mi mamá sea así; nunca me voy a comportar de ese modo»? En la mayoría de los casos, cuando llegan a adultos, esos mismos jóvenes se parecen mucho a sus padres. A menudo nos asemejamos a nuestros padres en cosas que no tienen nada que ver con cuestiones hereditarias, como lo son el peso y el color del cabello.

¿A qué se debe?

La causa son los *espíritus familiares*, espíritus que continúan dentro del linaje de una familia (no hay que confundir con *familiares* en el sentido de «conocidos»). Estos espíritus pueden ser un estorbo importante para la sanidad divina en nuestra vida. Cuando se expulsan, permiten que la gracia de Dios se derrame sobre nosotros. Este concepto es desconocido para el pensamiento moderno, pero se encuentra en las Escrituras. Veamos lo que dice la Biblia acerca de los espíritus familiares y su vinculación con la enfermedad y la sanidad.

RESPONSABILIDAD COLECTIVA

Las acciones individuales tienen consecuencias colectivas o sociales. En algunos casos, los efectos del comportamiento de una persona pueden afectar a las generaciones futuras. Hay dos pasajes en particular que lo indican.

Éxodo 34:6-7 dice: «Pasando [el Señor] delante de él [Moisés], proclamó: "El SEÑOR , el SEÑOR , Dios clemente y compasivo, lento para la ira y grande en amor y fidelidad, que mantiene su amor hasta mil generaciones después, y que perdona la iniquidad, la rebelión y el pecado; pero que no deja sin castigo al culpable, sino que castiga la maldad de los padres en los hijos y en los nietos, hasta la tercera y la cuarta generación"».

Números 14:17-18 declara: «Señor … Tú mismo has dicho que eres lento para la ira y grande en amor, y que aunque perdonas la maldad y la rebeldía, jamás dejas impune al culpable, sino que castigas la maldad de los padres en sus hijos, nietos, bisnietos y tataranietos».

A la mayoría de la gente del mundo actual estos pasajes de las Escrituras no les caen bien. ¿Acaso no se supone que somos responsables de nuestras acciones? Parece injusto que alguien sea castigado o sufra por las acciones de otro. Esta manera de pensar va en contra de lo que nos enseñaron acerca de la libertad y la responsabilidad. Nuestra estructura de pensamientos es individualista. Por lo general, pensamos esto: «Lo que hago es asunto mío y de nadie más».

> A la gente moderna le desagrada la idea de las maldiciones generacionales; sin embargo, la Biblia habla de ellas.

Sin embargo, lo que uno hace afecta a los demás. En la Biblia, el pecado suele ser considerado una acción corporativa (o social), sin tener en cuenta que lo haya cometido una sola persona o muchas. El proceder de una persona podía repercutir profundamente en los demás; el pecado individual no existía.

En el día de hoy sucede lo mismo. Si el presidente de una nación miente, el espíritu de engaño se difunde por todo el territorio. Los otros líderes serán menos honestos, y los hijos mentirán más. Si un pastor comete adulterio, ese acto puede afectar a la congregación durante muchos años. Los que todavía no nacieron puede sentir el impacto de ese pecado. Los directores, los padres, los maestros y los hermanos pueden afectar a muchas personas con sus malas acciones. Todos los pecados son «sociales» en el sentido de que afectan a los demás. El pecado «personal» no existe.

¿Cómo se aplica esto a la sanidad? Por ejemplo, piensa en el tremendo impacto del pecado sexual en una familia. Tal vez conozcas casos en que los hijos, los nietos e incluso los bisnietos de un hombre o una mujer se vieron afectados por pecados como la violación, el incesto o el abuso infantil. Los efectos de ese pecado se pueden manifestar como angustia emocional, una enfermedad mental y aun dolencias físicas a lo largo de varias generaciones. Las cosas que hacemos afectan sin duda a otras personas; por lo tanto, quizá estemos padeciendo las consecuencias de los pecados que cometieron aquellos que nos precedieron.

BENDICIÓN COLECTIVA

El impacto generacional del pecado hace que algunos cuestionen el carácter de Dios: «¿Qué clase de Dios castiga a los hijos por los pecados de sus antepasados?» La respuesta es que el que obra así es un Dios de amor y misericordia que también desea derramar bendiciones de una generación a otra. Cuando se eliminan los efectos del pecado generacional, la bendición divina se puede desplegar, incluso la sanidad.

Deuteronomio 7:9 dice: «Reconoce, por tanto, que el Señor tu Dios es el Dios verdadero, el Dios fiel, que cumple su pacto generación tras generación, y muestra su fiel amor a quienes lo aman y obedecen sus mandamientos». Cuando la Biblia describe el juicio de Dios sobre el pecado, habla de tres y cuatro generaciones. No obstante, cuando se refiere a las bendiciones divinas, menciona mil generaciones. Esto correspondería aproximadamente a treinta mil años. Esta es una buena manera de decir que las bendiciones de Dios no tienen fin.

> Dios desea bendecirte a ti, a tus hijos y a los hijos de tus hijos.

El amor de Dios hacia ti es profundo; su pasión por ti no tiene punto final. Él no quiere que un «espíritu familiar» te aflija a ti ni a tu familia en el futuro; lo que él desea es bendecirte.

Esto lo vemos ilustrado en el libro de Isaías. El mensaje de este profeta era de juicio. Él le habló al pueblo de Dios en un momento en que necesitaban escuchar palabras fuertes. Les dijo que si no obedecían a Dios, toda la nación sería castigada. Eso significaba una responsabilidad colectiva o social. Los primeros treinta y nueve capítulos de Isaías contienen un mensaje severo.

Sin embargo, en Isaías 40 cambia todo. El resto del libro es una canción de amor para el pueblo de Dios. El profeta describe las bendiciones maravillosas que el Señor tiene preparadas para ellos. La segunda parte de la profecía comienza con estas tiernas palabras: «¡Consuelen, consuelen a mi pueblo! —dice su Dios—. Hablen con cariño a Jerusalén, y anúncienle que ya ha cumplido su tiempo de servicio, que ya ha pagado por su iniquidad, que ya ha recibido de la mano del Señor el doble por todos sus pecados» (Isaías 40:1-2). En otras palabras, sean tiernos con mi pueblo. La deuda está saldada. Es hora de recibir las bendiciones de Dios. Esta es la naturaleza de nuestro Señor, y a él le encanta vernos libres y que el poder de los espíritus familiares quede sin efecto.

ENCONTRAR LA LIBERTAD

Tal como mencioné en el capítulo 3, una vez oré por un pastor que padecía de un zumbido en los oídos. El problema estaba tan acentuado que, cuando se paraba detrás del púlpito para predicar, casi no podía escucharse a sí mismo; por eso quería sanarse. Entonces, le pregunté: «¿Puede decirme algo más de este asunto?»

«Lo único que sé», respondió, «es que todos mis hermanos tienen lo mismo, y que mi papá también tenía el mismo problema». Es muy probable que esto haya sido el resultado de un espíritu familiar, una dolencia que pasó de una generación a otra. Recuerda que antes de ocuparse de lo físico es necesario tratar el área espiritual. En este caso, el hombre tuvo que ser liberado del pecado del pasado antes de poder ser sanado de su enfermedad actual.

Cuando trates con un espíritu familiar, pídele al Señor que te revele cuál es el problema para que puedas solucionarlo en primer lugar. Ora de este modo: «Señor, muéstranos si el enemigo ha afectado de alguna manera a esta familia. Te pedimos que nos lo reveles para que podamos reprenderlo en el nombre de Jesús y ver si esta persona es liberada». Cuando en el nombre de Jesús le pones fin al poder del pasado, la fuerza sanadora de Dios puede desplegarse en el presente y entonces la persona se cura. No tenemos por qué continuar bajo la maldición de un espíritu familiar. Como hijos del Nuevo Pacto divino podemos reclamar la libertad que tenemos en el nombre de Jesús.

OREMOS

Padre:

He pecado contra ti, y no lo hice yo solo. Mis padres, y sus padres, y los padres de ellos anteriormente fueron necios y desobedientes. Te pido que perdones nuestros pecados y despliegues tu bendición sobre nosotros dándonos vida, salud y paz.

Te lo pido en el nombre de Jesús,

Amén.

A fin de obtener más preguntas de debate para grupos pequeños sobre este capítulo y otros recursos relacionados con la sanidad, visita www.wesleyan.org/gsh.

VEINTIUNO

¿CUÁNTO TIEMPO TENGO QUE ESPERAR PARA SANARME?

La falta de constancia en la oración es una razón importante por la que algunas personas no se sanan.

«Creo que la gente se aferra como puede a la esperanza», reflexionaba Carlos mientras leía los pedidos de oración en el boletín de la iglesia. Margarita y él habían asistido a la Iglesia Comunitaria de la Fe durante cinco años, y todos los domingos había un pedido para orar por Tomás Comiso.

Tomás había nacido con la vista normal, pero con el paso de los años fue viendo cada vez menos. Ahora tenía siete años y estaba completamente ciego. «Sabemos que Dios lo va a sanar», decía la madre. «Lo que no sabemos es cuándo».

Carlos sacudió la cabeza con tristeza y pensó: «Después de cinco años, es hora de asumir la realidad».

Durante el tiempo de oración y alabanza, la mamá de Tomás se acercó al micrófono y dijo:

—Pastor, quiero agradecerles a todos por su fidelidad en la oración —hizo una pausa para tratar de controlarse y agregó—: Esta semana fuimos al médico... y Tomás pudo ver la luz y algunas formas. Dios está obrando un milagro en nuestro hijito.

La congregación estalló en un aplauso.

—Vaya —dijo Carlos—, jamás lo hubiera creído.

¿Qué se hace cuando pasa mucho tiempo y la persona no se sana? Puede ser desalentador esforzarse en hacer todo lo posible para caminar con el Padre, orar diligentemente por la sanidad, y aun así ver que un ser querido sigue sufriendo o empeora. ¿Cuánto tiempo debemos orar por la sanidad? ¿Llega un momento en que debemos rendirnos y decir: «Esta vez no va a pasar nada»?

Tommy Tyson, un predicador metodista, creó la frase *oración que empapa*. Él se refería a orar de manera perseverante y saturar el asunto con oraciones fervientes. Gálatas 6:9 dice: «No nos cansemos de hacer bien, porque a su debido tiempo cosecharemos si no nos damos por vencidos». Hebreos 10:36 declara: «Ustedes necesitan perseverar para que, después de haber cumplido la voluntad de Dios, reciban lo que él ha prometido». Una razón por la cual algunas personas no se sanan es porque no oran con insistencia. No oramos de manera constante ni tenemos la paciencia suficiente. Nos rendimos con facilidad y, como consecuencia, no vemos que el poder sanador de Dios se despliegue. Una clave para orar con eficacia por la sanidad es hacerlo con perseverancia.

SE NECESITA INSISTENCIA

Daniel 10:12-13 registra el siguiente acontecimiento asombroso: «Entonces me dijo: “No tengas miedo, Daniel, tu petición fue escuchada desde el primer día en que te propusiste ganar entendimiento y humillarte ante tu Dios. En respuesta a ella estoy aquí. Durante veintiún días el príncipe de Persia se me opuso, así que acudió en mi ayuda Miguel, uno de los príncipes de primer rango. Y me quedé allí, con los reyes de Persia». Daniel oró durante veintiún días y no tuvo respuesta. La razón era que en el reino espiritual, tema que Daniel desconocía, se estaba desarrollando una batalla.

Este suele ser el caso cuando oramos por la sanidad. Solo vemos la mitad de la ecuación: nosotros vemos el mundo físico. Es verdad que, a veces, Dios nos revela lo que está haciendo; por esa razón, tratamos de discernir dónde está obrando y nos unimos a él en la labor. Sin embargo, no vemos todo lo que sucede en el mundo espiritual. En el caso de Daniel, el retraso duró veintiún días. ¿Puede en algunas situaciones extenderse más tiempo? ¿Un año? ¿Cinco años? ¿Veinte años? Sin duda que sí. Por eso debemos perseverar en la oración, aun cuando no veamos resultados inmediatos.

Muchas personas no se sanan porque se rinden demasiado pronto.

No sé a qué de debe, pero en la actualidad, la mayoría de las sanidades no se producen de forma instantánea. Tal como se trató en un capítulo anterior, la mayor parte de las curaciones se llevan a cabo gradualmente. Los milagros instantáneos sin duda ocurren, pero no con mucha frecuencia. Esto es intrigante porque en el Nuevo Testamento la situación parece ser a la inversa. La mayoría de los milagros se producían de inmediato; solo unos pocos ocurrieron de forma progresiva. Por esta razón, en nuestra época, es necesario perseverar más en la oración. Debemos orar sin rendirnos. Como mencioné anteriormente, durante varios años luché contra una enfermedad respiratoria. Muchas personas oraban para que me sanara y finalmente ocurrió, pero después de trece años.

EL LLAMADO DE LAS ESCRITURAS

Varios pasajes de las Escrituras nos instan de forma directa a ser insistentes; es decir, a ser firmes y perseverantes en nuestras oraciones. Examinemos algunos de ellos, y comencemos con Lucas 11:5-10.

> Supongamos —continuó— que uno de ustedes tiene un amigo, y a medianoche va y le dice: “Amigo, préstame tres panes, pues se me ha presentado un amigo recién llegado de viaje, y no tengo nada que ofrecerle”.

> Y el que está adentro le contesta: "No me molestes. Ya está cerrada la puerta, y mis hijos y yo estamos acostados. No puedo levantarme a darte nada". Les digo que, aunque no se levante a darle pan por ser amigo suyo, sí se levantará por su impertinencia y le dará cuanto necesite.
> Así que yo les digo: Pidan, y se les dará; busquen, y encontrarán; llamen, y se les abrirá la puerta. Porque todo el que pide, recibe; el que busca, encuentra; y al que llama, se le abre».

Algunas traducciones dicen que el amigo recibirá todo lo que necesita debido a su *perseverancia*. Este relato está colocado en el Evangelio de Lucas inmediatamente después de la enseñanza acerca de la oración, conocida como el Padre Nuestro. Por esa razón, en la mente de Lucas hay una profunda vinculación entre la oración y la perseverancia.

Veamos otro ejemplo. Lucas 18:1-8 narra otra enseñanza similar:

> Jesús les contó a sus discípulos una parábola para mostrarles que debían orar siempre, sin desanimarse. Les dijo: «Había en cierto pueblo un juez que no tenía temor de Dios ni consideración de nadie. En el mismo pueblo había una viuda que insistía en pedirle: "Hágame usted justicia contra mi adversario". Durante algún tiempo él se negó, pero por fin concluyó: "Aunque no temo a Dios ni tengo consideración de nadie, como esta viuda no deja de molestarme, voy a tener que hacerle justicia, no sea que con sus visitas me haga la vida imposible"».
>
> Continuó el Señor: «Tengan en cuenta lo que dijo el juez injusto. ¿Acaso Dios no hará justicia a sus escogidos, que claman a él día y noche? ¿Se tardará mucho en responderles? Les digo que sí les hará justicia, y sin demora».

Ser insistente al orar no es lo mismo que rogarle a Dios como un hijo le ruega a un padre: «¡Por favor, por favor, por favor, dame lo que te pido!» Recuerda que Dios ciertamente nos ama y quiere que estemos bien. Hay varios estorbos potenciales que frenan la sanidad; por lo tanto, cuando no nos curamos de inmediato, no significa que Dios quiera que estemos enfermos. Nuestra perseverancia en la oración demuestra que tenemos fe en él. Clamamos al Señor como un hijo a un padre amoroso que sin duda desea desplegar su poder sanador sobre nosotros. Cuando oramos y no nos rendimos, nos demostramos a nosotros mismos la fe que tenemos.

¿No es esto lo que haríamos en cualquier otra esfera de la vida? Cuando oramos por la salvación de un ser querido, no nos rendimos al no ver respuestas en una semana, un mes o incluso unos años, sino que continuamos pidiendo con diligencia por esa persona porque creemos que Dios desea más que nosotros que sea salva. El desafío al orar por la sanidad es ser perseverantes. Cuando no nos curamos, no debemos desanimarnos ni dudar de la bondad de Dios, sino debemos continuar orando.

Cuando ores, pídele a Dios que sane... y luego pídele una vez, y otra vez, y otra vez más.

NO RENDIRSE

Para instarte a seguir orando, relataré una historia muy personal. Como dije antes, una de las personas que más influyó en mi manera de pensar en cuanto al tema de la sanidad divina es John Wimber, el ya fallecido fundador de la *Comunidad de Iglesias Viña*. Tal como se menciona en el prólogo, durante la década de 1980, Wimber enseñaba en el Seminario Teológico Fuller, y comenzó a observar que la obra del Espíritu Santo en el área de la sanidad se extendía. Wimber enseñaba una materia que se llamaba «Señales y maravillas, y el crecimiento de la iglesia».

Durante la clase, John dijo: «Hemos estado hablando de la sanidad, así que, ¿qué les parece si oramos por los enfermos?» Hubo personas que ese día se sanaron. Entonces, en la clase siguiente, hicieron lo mismo, y otros también se curaron. La noticia corrió, y al poco tiempo a la clase asistía gente que no estaba inscrita. El grupo creció tanto que tuvieron que limitar la asistencia. Tiempo después, me inscribí en ese curso. Lo habían trasladado a una nueva sede, y éramos unos tres mil alumnos. Vimos señales y maravillas asombrosas, incluso sanidades. John Wimber comenzó a viajar para enseñarle a la gente a orar por los enfermos, y ejerció una gran influencia sobre muchas personas, incluso en mí.

Otra persona sobre la cual repercutió la enseñanza de John Wimber fue un sacerdote anglicano, proveniente de Inglaterra, llamado David Watson. Watson y Wimber viajaron por toda Inglaterra y vieron cómo miles de personas fueron sanadas. Tiempo después, Watson se enfermó de cáncer. John y otros oraron por él, pero cada vez estaba peor. Finalmente, John Wimber le dijo a su amigo:

—David, estás a punto de morir.

—Así es —dijo David.

—David, ¿qué le voy a decir a la gente sobre la sanidad? —John le preguntó.

Entre las últimas palabras de David Watson estuvieron estas:

—Dile a la gente que continúe orando por los enfermos.

Hace uno años, mi esposa y yo asistimos al funeral de John Wimber. Aunque no suelo ser muy emotivo, estaba tan dolido por la pérdida de este hombre que me había enseñado tanto que lloré durante todo el servicio. Seguía pensando para mis adentros: «Me pregunto qué diría John, o qué dijo, sobre los problemas de salud que finalmente le pusieron fin a su vida. Las únicas palabra que me venían a la mente eran las de David Watson: "Continúa orando por los enfermos"».

Hay cosas difíciles de entender, porque parecen no tener sentido. En la mayoría de los casos no podemos explicarnos bien por qué una persona se sana y otra no, o por qué algunos tienen que sufrir durante años antes de sanarse. Enfrentamos desilusiones en esta área, y por consiguiente nos surgen interrogantes. No obstante, debemos continuar orando por los enfermos. Sabemos que Dios es un Padre amoroso y desea bendecirnos. Lo buscamos con todo el corazón y dejamos en sus manos el misterio de la sanidad espiritual. Oramos por los enfermos… y no nos rendimos.

Aunque corra el riesgo de ser malinterpretado o ridiculizado, voy a contar que he estado orando para que mi sobrino, que ahora tiene veintidós años y padece de síndrome de Down, se sane de forma milagrosa. ¿Se sanó? No. ¿Se sanará? No lo sé. De todos modos, continuaré orando por él hasta que uno de nosotros sea recibido en los brazos de Dios.

OREMOS

Padre:

Ha pasado mucho, pero mucho tiempo... y todavía seguimos esperando. Anhelamos sanarnos y gozar de buena salud. Te pedimos que alivies nuestro dolor. Te pedimos que renueves en nosotros la energía y la fuerza. Señor, creemos que tienes poder para sanar, y te lo pedimos otra vez: Despliega tu poder sanador sobre aquellos que lo necesitan. Extiende tu poder sanador sobre mí. Sáname.

Te lo pido en el nombre de Jesús,

Amén.

A fin de obtener más preguntas de debate para grupos pequeños sobre este capítulo y otros recursos relacionados con la sanidad, visita www.wesleyan.org/gsh.

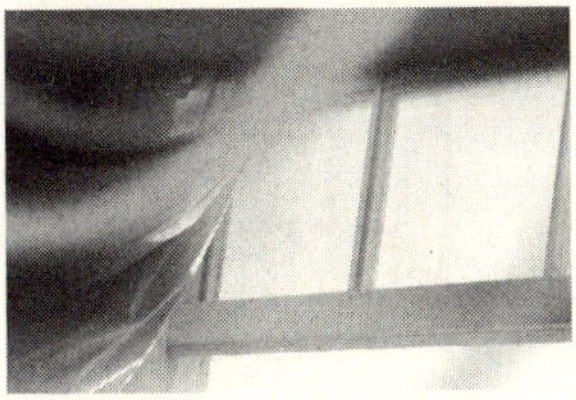

CUARTA PARTE

CÓMO ORAR POR LOS ENFERMOS

VEINTIDÓS

¿POR DÓNDE EMPIEZO?

La adoración saturada del Espíritu Santo crea la atmósfera para la sanidad.

—Mejor no voy a la próxima sesión —dijo Carol, que estaba sentada almorzando frente a su esposo—. Me está empezando a doler la cabeza.

Cerró los ojos y comenzó a frotarse las sienes.

Jim y Carol estaban en Anaheim en una conferencia de adoración que duraría todo el fin de semana. Habían estudiado la Palabra durante tres días, participado en la adoración con otros creyentes casi todo el tiempo y disfrutado de la presencia del Espíritu Santo como nunca.

Sin embargo, al mediodía de la tercera jornada, Carol tenía un dolor punzante en las sienes.

—Lamentó muchísimo perderme lo que está sucediendo —dijo con tristeza—, pero no me siento bien.

Sin decir una palabra, Jim le colocó la mano en la frente, y dijo:

—¡En el nombre de Jesús, dolor de cabeza, vete!

Carol parpadeó.

—¡Qué maravilla! —exclamó—. ¿Qué hiciste? Ya no me duele.

—No hice nada —respondió Jim con tranquilidad—. Hemos estado tres días en la presencia del Espíritu Santo, y eso soluciona muchas cosas.

La persona que se describe en esta historia soy yo, Carol. Cuando Jim hizo esa oración a mi favor, el dolor de cabeza se me quitó instantáneamente. Si bien una jaqueca puede parecer algo sin importancia, créanme que no lo era. Me sentía muy mal, pero Dios me sanó de inmediato. No obstante, estoy convencida de que, en cierto sentido, mi curación no fue de veras instantánea, sino que se produjo después de algunos días de estudio bíblico, oración, enseñanza y adoración. Habíamos sido limpiados espiritualmente y llevados a una comunión más íntima con Dios. Estar en un entorno saturado del Espíritu había preparado el escenario para lo que pareció ser un despliegue inmediato del poder sanador divino.

Ese acontecimiento transformó mi perspectiva sobre la oración por la sanidad. Como la mayoría de los cristianos, yo anhelaba ver respuestas instantáneas a mis oraciones por sanidad: pedía que ocurrieran milagros. Con el tiempo, he aprendido que la mayoría de las curaciones se produce de forma gradual. Sin embargo, lo más importante que he descubierto es que acercarse a Dios mediante la adoración es un elemento esencial de la oración por la sanidad. Cuando estamos unidos al Padre en adoración, es mucho más probable ver que la gente se sane.

Después de descubrir esto, decidí aplicar el principio en una clase que enseñaba en nuestra iglesia. En lugar de ocupar todo el tiempo en el estudio bíblico, comenzariamos leyendo las Escrituras y dedicaríamos el resto a la adoración. Esa tarde, cuando empezó la clase, expliqué el formato que íbamos a seguir y luego les pedí a los integrantes del grupo que escucharan mientras yo leía Isaías 45. Simplemente leí el pasaje con un fondo de música instrumental suave. Después leí Juan 15:9-13 y dos historias de Lucas 5, donde Jesús sana a unos enfermos. Luego cantamos juntos. El resto del tiempo lo dedicamos a orar.

En aquella ocasión, estaban presentes una mujer a quien le habían diagnosticado un cáncer terminal, un hombre con una neuropatía y dos mujeres con problemas emocionales. Nos dividimos en grupos reducidos para pedirle al Señor por esos casos y por las necesidades de otras personas. No vimos ningún milagro instantáneo; sin embargo, todos los miembros de la clase percibimos la presencia del Señor. Habíamos experimentado una profunda comunión con el Dios santo mediante la lectura bíblica, la adoración y la oración. Confiábamos en que nuestras oraciones habían sido escuchadas y el Señor iba a responder. La adoración fue nuestra puerta de entrada para la oración eficaz.

A todos nos gustaría ver curaciones instantáneas; es lo que siempre deseamos. No obstante, por alguna razón Dios prefiere en primer lugar hacernos atravesar un proceso de desarrollo del carácter: comienza sanándonos interiormente y luego cura el cuerpo. Para que haya sanidad, siempre se necesita la presencia del Espíritu Santo. Donde el Espíritu Santo está presente, allí hay sanidad. Por esta razón la adoración es un componente esencial para la sanidad de los enfermos. Cuando buscamos a Dios y entramos en su presencia, estamos en condiciones de ser sanados.

BUSQUEMOS EL PODER SANADOR DE DIOS

Todos los días hay gente que toma el teléfono o se sienta frente a un médico para escuchar malas noticias sobre su salud. Quizá tú mismo hayas escuchado esas palabras demoledoras y te diste cuenta de que enfrentabas una cuestión de vida o muerte. ¿Cómo soportaste la situación cuando comprendiste que estabas ante un problema que no tenías cómo resolver y que ni siquiera los médicos podían solucionar? Tu charla con el doctor tal vez no contestó todas los interrogantes que tenías sobre tu cuerpo y lo que te estaba pasando. Tal vez quedaste con una sensación de temor y la abrumadora pregunta: «¿Qué tengo que hacer?»

> Si la sanidad acompaña al Espíritu Santo, la adoración es el sitio para comenzar a buscarla.

Cuando uno se enfrenta a una situación abrumadora, en un primer momento es normal reaccionar con miedo, angustia y desesperación. David suele comenzar sus salmos con clamores desesperados como este: «Sálvame, Dios mío, que las aguas ya me llegan al cuello. Me estoy hundiendo en una ciénaga profunda, y no tengo dónde apoyar el pie. Estoy en medio de profundas aguas, y me arrastra la corriente. Cansado estoy de pedir ayuda; tengo reseca la garganta. Mis ojos languidecen, esperando la ayuda de mi Dios» (Salmo 69:1-3).

No obstante, en medio de esos clamores desesperados, también hallamos las promesas de Dios: «Dichoso el que piensa en el débil; el Señor lo librará en el día de la desgracia. El Señor lo protegerá y lo mantendrá con vida; lo hará dichoso en la tierra y no lo entregará al capricho de sus adversarios. El Señor lo confortará cuando esté enfermo; lo alentará en el lecho del dolor» (Salmo 41:1-13).

COLÓCATE A DISPOSICIÓN DEL PODER DE DIOS

Dios es un Padre amoroso que desea darles buenas dádivas a sus hijos. Sin duda, su corazón de amor escucha y responde tus ruegos; su propósito para ti no es que continúes enfermo y desesperado. A continuación aparece una descripción de nuestra condición cuando enfrentamos una situación que no podemos controlar:

> Veo un cielo inmenso y azul, con muchas nubes blancas y esponjosas. Un brazo largo se extiende a través de esas nubes, desde el cielo y hacia mí. Estoy flotando desesperado en medio de las olas tumultuosas de este inmenso océano. Mi cuerpo está dolorido y cansado. Ya no puedo más y estoy a punto de hundirme cuando una mano me toma y me saca de las aguas profundas (Salmo 18:9,16 parafraseado).

Dios quiere que reconozcamos de dónde proviene la fuente de nuestro consuelo y quién luchará por nosotros. El dolor y la devastación de las enfermedades que enfrentamos no siempre nos inmovilizan. En cambio, el miedo y la angustia emocional son los que impiden que busquemos ayuda. Se requiere una fortaleza tremenda para escapar del miedo. Por esa razón, cuando sientas que la mano de Dios toma la tuya y te levanta, acéptala y de inmediato sentirás que su presencia te inunda.

Sin embargo, debes estar dispuesto a recibir el poder sanador de Dios. Si no tiene interés en dejar que el Señor obre de manera sobrenatural en tu vida, no verás que se cumpla su propósito en ti. Dios desea tener una relación profunda contigo; te quiere de todo corazón. Este momento de necesidad es una gran oportunidad para que él te revele más verdades de su persona.

CONSÁGRATE A DIOS

Un corazón limpio, motivos puros y un espíritu de arrepentimiento permitirán que Dios tenga la libertad de llevar a cabo obras asombrosas en tu vida. El pecado puede crear un estorbo para la labor sanadora de Dios en nosotros. El libro de Romanos habla de la vinculación entre el pecado y la muerte. Pablo escribe: «¿Acaso no saben ustedes que, cuando se entregan a alguien para obedecerlo, son esclavos de aquel a quien obedecen? Claro que lo son, ya sea del pecado que lleva a la muerte, o de la obediencia que lleva a la justicia» (Romanos 6:16).

Felizmente, la gracia, la misericordia y la bondad de Dios abren el camino para que seamos limpiados de nuestro pecado. Para que esto se concrete, debemos experimentar un cambio de actitud en nuestro ser interior: nuestras motivaciones deben armonizar con las divinas, que están basadas en su Palabra. Cuando esto sucede, podemos sentir «gozo y alegría», recuperar el gozo de nuestra salvación y ser sostenidos por su Espíritu generoso (Salmo 51:8,12).

Nuestra meta es que la mano de Dios se mueva con libertad en las situaciones complicadas que enfrentamos para brindarnos esperanza y victoria. Cuando nos consagramos al Señor, confesamos sinceramente nuestros pecados y le dedicamos nuestras vidas, estamos en condiciones de recibir su poder sanador. El Salmo 66:3-5, 10-12 lo expresa mejor: «¡Cuán imponentes son tus obras! Es tan grande tu poder que tus enemigos mismos se rinden ante ti. Toda la tierra se postra en tu presencia, y te cantan salmos; cantan salmos a tu nombre. ¡Vengan y vean las proezas de Dios, sus obras portentosas en nuestro favor! … Tú, oh Dios, nos has puesto a prueba; nos has purificado como a la plata … Hemos pasado por el fuego y por el agua, pero al fin nos has dado un respiro».

ACÉRCARSE A DIOS MEDIANTE LA ADORACIÓN

Adorar a Dios es la acción que nos conduce a su presencia. En medio de una experiencia de adoración, escucharás frases como estas: «Clame al Señor toda la tierra; cantemos todos. Poder y majestad, alabanza al Rey»; o tal vez expreses estas palabras: «Grande es el Señor, y grande es su misericordia». Las palabras y la música elevan el espíritu a tal punto que profundizan tu relación con Dios. Mientras meditas en las palabras de Isaías 40:31: «Los que confían en el Señor renovarán sus fuerzas; volarán como las águilas: correrán y no se fatigarán, caminarán y no se cansarán», tal vez sientas que el poder de Dios fluye en tu interior. Entonces te darás cuenta de que tienes fuerza para continuar. El simple hecho de leer las palabras del Salmo 23 puede inundarte de un consuelo y un bienestar tranquilizadores.

Ambos medios, las Escrituras y la música, son instrumentos de adoración, y cada uno de ellos puede hacer que la presencia de Dios descienda del cielo al lugar donde estés. Cualquier estilo de música o versión de la Biblia que te ministre de forma personal puede ser un canal para que Dios extienda su mano y supla tu mayor necesidad.

Quizá haya momentos durante la adoración cuando observes que abrigas actitudes incorrectas hacia otras personas, resentimiento o algún otro pecado que te impide entregar plenamente tu corazón a Dios y reconocer su grandeza. Tal vez te sientas aplastado y desanimado. En ese momento, le puedes decir al Señor que no quieres que nada estorbe tu adoración a él. Pídele perdón al Señor y luego soluciona cualquier asunto que te traiga a la mente. La adoración se expresa mejor cuando el arrepentimiento ha limpiado el corazón y purificado la mente para entrar en su presencia.

Al experimentar la sanidad de forma personal y ser un instrumento para que otros la reciban, descubrí que un elemento clave para que se produzca es acceder a Dios de manera pura, clara y directa. Él debe ser el anhelo más intenso y motivador de tu vida, por encima de cualquier otra persona o cosa. Tu adoración expresa: «Él es el Señor, y no hay nada más». En esta atmósfera de adoración es donde la presencia de Dios se manifiesta con poder para sanar. No surge como resultado de conocer el tema de la sanidad ni de ninguna experiencia previa en cuanto a orar por los enfermos. En realidad, Dios parece mostrarse de formas diversas y particulares; por lo tanto, debemos tener discernimiento y estar atentos para saber cómo quiere sanar a cada persona.

BUSCA EL RESPALDO DE OTRAS PERSONAS

Después de clamar a Dios en oración por un asunto complicado de la vida, dirígete a alguien (un pariente, un amigo o un miembro de la iglesia) para que te respalde en oración. Es emocionante ver actuar la mano de Dios cuando aquellos que te respaldan se reúnen a orar en tu casa o la iglesia, o dedican tiempo para leer las Escrituras y orar en un grupo pequeño. Las reuniones colectivas de sanidad brindan oportunidades maravillosas para manifestar unidad y armonía con el cuerpo de Cristo a través del estudio bíblico, la adoración y la oración. Si bien es vital que aquel que atraviesa la dificultad sea constante en el estudio personal de las Escrituras, la adoración y la oración, el entorno colectivo es el escenario ideal para sentir amor, respaldo y gran poder y fortaleza cuando los corazones se unen para exaltar el nombre de Jesús.

En este contexto, el centro de las oraciones tal vez no sea la sanidad, sino ver qué quiere hacer Dios, desde el punto de vista emocional y espiritual, en las personas que oran y en aquellas por quienes se elevan las oraciones. Quizá suceda que seamos lentos para crecer espiritualmente o tan solo que el Señor se tome su tiempo para desarrollar nuestro carácter a fin de cumplir su propósito en nuestras vidas. Cualquiera que sea el caso, la oración lleva tiempo. Para orar de manera más eficaz, lo único que podemos hacer es mejorar la sensibilidad para la adoración y escuchar la voz de Dios con más detenimiento. La búsqueda constante de versículos bíblicos que se apliquen de manera positiva y directa a tu situación en particular te permitirá encontrar la solución que el Señor tiene para tu vida.

Un formato típico de una reunión de oración por sanidad incluye el estudio de un pasaje de las Escrituras, seguido de un tiempo de adoración y luego de oración. Los adoradores se preparan de forma personal mediante un devocional bíblico a solas para adorar y escuchar la Palabra de Dios. A veces, antes del tiempo de oración, es necesario ayunar. Aquellos por los cuales se elevarán las oraciones también pueden preparar su corazón y su mente para orar. Se les insta a asistir con familiares y amigos para que los respalden. El objetivo constante es permitir que la presencia y la unción divinas sanen en primer lugar el alma y finalmente el cuerpo.

PERSEVERA

Nuestro lema debe ser: «La valentía y la perseverancia me hacen seguir avanzando». Dios honra y bendice a aquellos que establecen una meta, aprenden a controlar sus reacciones emocionales y espirituales, y no se rinden. El dolor y el sufrimiento forman parte del proceso que atravesaremos hasta experimentar la sanidad. La salud corporal no siempre se produce de forma instantánea. La confianza en un Dios todopoderoso debe suplantar el miedo; el consuelo y la paz quitarán la ansiedad y la preocupación; la certeza de estar en la presencia del Señor calmará tu desesperación. Cualquiera que sea el sentimiento que te abrume, siempre hay un contraataque positivo en la Palabra de Dios.

Para incentivar y aplicar con más intensidad la sanidad que necesita tu cuerpo, declara con denuedo la poderosa obra espiritual y física que Dios ha hecho y continúa haciendo en tu vida. Proclamar en alta voz las Escrituras ante los demás, en especial frente a los escépticos, libera el poder y la autoridad de la Palabra de Dios sobre la negatividad de las artimañas de Satanás. ¡Qué testimonio grandioso es alabar al Señor frente a tus parientes y amigos, e incluso ante desconocidos, y exaltar su gracia, su misericordia y su compasión que se derraman sobre tu quebranto y tu desesperación!

LA HISTORIA DE DAN

Dan, un joven de poco más de treinta años, solía comentar que su vida cristiana era aburrida. Todo cambió cuando le diagnosticaron cáncer. Cuando los análisis revelaron que tenía cáncer de colon, y que tal vez se había extendido al hígado, quedó totalmente destruido. Entonces dijo: «Satanás comenzó a atacarme, y a querer que tuviera miedo de morir y dejar a mis hijos sin su padre. Lo único que me aliviaba era orar al Señor. Después de orar, solía tranquilizarme y podía retomar mis actividades».

Un cirujano le extrajo el colon y llevó a cabo una biopsia, lo cual confirmó el diagnóstico. Mientras tanto, Jenn, la esposa de Daniel, les pidió a miembros de la familia y a amigos de la iglesia que oraran, de modo que se organizó una cadena de oración que abarcó gente de trece estados, dos países y unas cincuenta iglesias. Cientos de personas oraron por la enfermedad de Dan. Julia y él sentían que podían confiar en Dios y creían que el Señor tenía poder para sanarlo.

Cuando buscamos a Dios, seguimos avanzando, a pesar de los obstáculos. Ora y no te rindas

Luego llegaron más noticias desagradables. El cáncer había tomado el hígado. Dan relató: «Fue un golpe tremendo, y me afectó terriblemente; sin embargo, seguía sintiendo que Dios me podía ayudar. Le dije al Señor que él iba a tener que actuar con mayor intensidad». Dan había decidido ser perseverante.

Comenzó con la quimioterapia, y su aspecto dejó de ser elegante y atlético para volverse sumamente demacrado. Asistió a una reunión de sanidad en su iglesia, donde el grupo disfrutó de un tiempo de adoración extraordinario que puso de manifiesto la presencia del Señor y su poder sanador. El espíritu de las Escrituras inundó el corazón y la mente de los que estaban allí al darles la certeza de que el Dios de esperanza nos llena de todo gozo y paz al creer que podemos abundar en esa esperanza por el poder del Espíritu Santo (ver Romanos 15:13). Todos los presentes fueron alentados y transformados. Poco tiempo después, una resonancia magnética reveló resultados asombrosos: el cáncer de Dan se había reducido rápidamente. Cuatro meses después, otra resonancia demostró que el cáncer había desaparecido.

Dan y Jenn declaran que no siempre entienden por qué Dan se curó y otros no se curan. No obstante, saben que su relación con Dios se profundizó y que hoy más que nunca están convencidos del asombroso poder que tiene el Señor para sanar. Dan no se sanó en forma instantánea, y su recuperación incluyó tratamientos médicos y cirugía. De todos modos, junto con el respaldo en oración y la fuerza de la adoración, él sabe que lo que tocó su cuerpo fue el poder del Señor. Ellos han visto que la mano de Dios obró de manera milagrosa, y saben que el Señor es grande y digno de ser alabado.

OREMOS

Padre:

Te adoro en tu esplendor, poder, santidad y belleza. Te entrego toda mi vida. Pongo en tus manos todo lo que soy y todo lo que tengo. Te deseo a ti y solo a ti. Te pido que me llenes de tu Espíritu Santo.

En el nombre de Jesús,
Amén.

A fin de obtener más preguntas de debate para grupos pequeños sobre este capítulo y otros recursos relacionados con la sanidad, visita www.wesleyan.org/gsh.

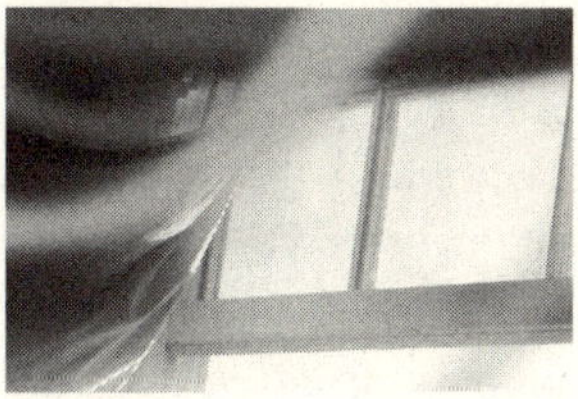

VEINTITRÉS

¿CÓMO ORO POR LOS ENFERMOS?

Debo aprender los pasos para orar por la sanidad.

Javier no tenía ganas de estar en la iglesia un domingo por la noche, pero su amigo Adrián lo había invitado y se sintió un poco obligado a aceptar. «¿Una reunión de sanidad, justo cuando se corren las quinientas millas de Indianápolis?», pensó Javier.

Cuando comenzó la reunión, el pastor les pidió a todos los que creían en el poder sanador de Dios que pasaran al frente y le impusieran las manos a Diana, una muchacha a la cual le habían diagnosticado leucemia. Adrián pasó al frente y Javier se quedó sentado en el banco.

La primera que oró fue una mujer mayor que comenzó a decir en voz alta:

—Señor, te rogamos que sanes a esta niña. Cúrala, Señor. Haz que se recupere de esta enfermedad. Por favor, Dios... si es tu voluntad.

«¿Si es tu voluntad?», pensó Javier. «¿Cómo puede ser que no lo sea? ¿Qué clase de Dios querría que esta niñita tenga cáncer?»

—Por favor, Dios, quítale esta dolencia —rogó la señora—, si así lo quieres.

«Yo no quiero tener nada que ver con un Dios así», pensó Javier. Entonces se levantó y salió por la puerta trasera.

La mayoría de nosotros practica la oración «toco y me voy» para pedir por la sanidad. Nuestra técnica consiste en algo así: En primer lugar, escuchamos que José está enfermo, y entonces hacemos una oración simple como esta: «Querido Señor, tú sabes que José está enfermo. Padre, tú conoces su problema; así que te pedimos que si es tu voluntad se sane, que lo hagas en el nombre de Jesús. Amén». Incluso podemos llegar a ungir a José con aceite. De ese modo, si no se mejora, emitimos un dictamen de probada calidad que explica por qué no se curó: «No fue la voluntad de Dios que José se sanara». Llegamos a la conclusión de que Dios debe querer que José esté enfermo, y seguimos ocupados con nuestras cosas.

Es interesante observar que en ninguna otra esfera de la vida aplicamos esta lógica. Si encendemos una luz, y esta no aparece, no suponemos que los principios que gobiernan la electricidad hayan dejado de funcionar por alguna razón. No aceptamos tener que vivir nuestra vida en la oscuridad. No, examinamos el bombillo o chequeamos el interruptor para ver qué problema hay. ¿Por qué no hacemos lo mismo cuando oramos por la sanidad?

Hay formas mucho más eficaces de orar que la que acabo de describir. Una de las razones por las que la gente no se sana es porque, sencillamente, no sabemos cómo orar con eficacia. He declarado varias veces que la persona que más influyó en mi manera de pensar sobre la sanidad hace dos décadas fue John Wimber, pastor y líder de una iglesia en el sur de California. Él seguía un bosquejo muy simple de cinco pasos para orar de manera eficaz por la sanidad. Este bosquejo ha sido sumamente útil para los que desean aprender a orar por los enfermos.

Examinemos en qué consiste.

LOS CINCO PASOS DE JOHN WIMBER PARA ORAR POR LA SANIDAD

Cuando los discípulos de Jesús no pudieron sanar al muchacho endemoniado, Jesús se exasperó ante la incompetencia de ellos (Lucas 9:40-41). Un pasaje paralelo muestra que, después que el Señor sanó al joven, sus discípulos le preguntaron en privado cómo lo había hecho (Marcos 9:28-29). Cuando Jesús envió a los setenta y dos, les dijo que hicieran todo lo que él les había enseñado (Lucas 10:1-16). Es evidente que existían técnicas que los discípulos podían aprender y emplear en su ministerio. No estoy sugiriendo que las siguientes técnicas de oración eran las únicas eficaces para pedir por la sanidad; no obstante, son sin duda más eficaces que la técnica de «toco y me voy». El bosquejo de Wimber me ha resultado tremendamente útil para orar por la sanidad. Quiera Dios que sea el punto de partida para tu ministerio en esta área.

1. ENTREVISTAR A LA PERSONA ENFERMA

La mejor manera de orar por los enfermos es en grupo. En general, es algo simple y para nada inquietante preguntarle al enfermo: «¿Dónde te duele?» Con suma frecuencia, nuestras oraciones por la sanidad son imprecisas, y le pedimos a Dios que «bendiga a fulano de tal» o decimos que «el Señor conoce la necesidad». Nuestras oraciones son más eficaces cuando pedimos de manera precisa y le rogamos en forma específica a Dios que toque la zona afectada. La oración específica es más eficaz que la generalizada.

A menudo cubrimos nuestra falta de fe con la frase: «Si es tu voluntad».

2. DIAGNOSTICAR LA NECESIDAD

Tomamos prestado este término médico, pero no se aplica a la condición física, ya que no abordamos al paciente como si fuéramos médicos. Sin embargo, podemos tratar de discernir factores subyacentes que hayan provocado que la persona se enferme. Recuerda que la sanidad interior precede a la física. ¿Enfrenta la persona presiones internas? ¿Sus relaciones con Dios y los demás son armónicas? Sin someter a la persona a un interrogatorio sentencioso, se le puede preguntar algo así: «¿Cómo están las cosas en tu vida en este momento?» Deben hacerse preguntas que revelen cuestiones importantes que estén más allá de los síntomas físicos que se observan.

Si no haces las preguntas correctas, puedes perder mucho tiempo yendo por el camino equivocado. Permíteme ilustrar esto con un hecho cómico que me sucedió. Iba camino a una reunión de la junta directiva en la Universidad Wesleyana de Oklahoma. Acababa de llegar al aeropuerto, en la ciudad de Tulsa, y esperaba que un estudiante me fuera a buscar para llevarme al campus universitario.

Esperé casi una hora. Finalmente, llamé a la oficina de la facultad para ver si había algún problema. Estaba a punto de alquilar un automóvil para dirigirme a la escuela cuando un joven se me acercó tímidamente y me preguntó si era el Dr. Garlow. Le dije que sí, y se disculpó muchísimo por la tardanza. Entonces dijo: «Jamás va a creer lo que me sucedió».

A juzgar por la expresión del pobre muchacho, pensé que se le había ponchado un neumático del automóvil o había tenido un accidente.

«No, fue peor», me aseguró. Mi cara de desconcierto lo instó a seguir con el relato.

Entonces continuó diciendo: «Yo lo vi bajar del avión, pero como no lo conocía, no sabía que era usted. Me acerqué a otro hombre que supuse que era usted y le dije: "¿Es el Dr. Garlow?", y él respondió: "Sí", por lo que lo llevé a mi automóvil. Subió al coche y anduvimos un buen rato. Luego él empezó a preguntarme acerca de mis clases, mi maestría y cuándo me iba a graduar».

Moví la cabeza y lo miré un poco sorprendido.

«Más tarde, el hombre me dijo que iba camino a una reunión de la Asociación Nacional de Deportes Intercolegiales. Yo le dije que ese grupo no se reunía en la Universidad Wesleyana de Oklahoma en Bartlesville. Entonces, me preguntó: "¿No me estás llevando al Marriott de Tulsa?"»

Estaban a mitad de camino cuando el estudiante se dio cuenta de que llevaba a la persona equivocada. Así que, dio la vuelta y volvieron al aeropuerto.

Yo me reí y le pregunté: «¿De qué hablaron mientras volvían al aeropuerto?»

Respondió: «De nada. Ninguno de los dos dijo ni una palabra».

La aplicación al tema de la sanidad es evidente: Debes hacer las preguntas correctas. Haz bien tu parte. Averigua qué sucede exactamente para poder orar de manera específica. Recuerda que no es un interrogatorio. Lo que nos motiva es el amor, no el simple deseo de conocer detalles de la vida de otra persona. Durante la entrevista, haz esta oración en tu interior: «Espíritu Santo, enséñanos a orar».

3. SELECCIONAR EL TIPO DE ORACIÓN QUE SE UTILIZARÁ

John Wimber decía que hay varios tipos de oración y que la elección dependerá de lo que uno haya investigado acerca de la persona por la que va a orar.

Petición. Una petición consiste en pedir algo en forma específica. Esta puede ser la oración más sencilla, la que le pide a Dios que sane a la persona. Puede ser una oración a corto plazo.

Intercesión. La intercesión se produce cuando Dios te ha colocado para que oficies de intermediario a favor de otra persona. Por lo general, un intercesor asume una responsabilidad a largo plazo de orar por un enfermo y se ocupa de que el proyecto llegue a su fin.

Mandato. Una oración de mandato se emplea cuando el Espíritu Santo te guía. Este tipo de oración impone el poder que tenemos en el nombre de Jesús. Por ejemplo: «En el nombre de Jesús, ordeno que se supla esa necesidad». Este tipo de oración no se emplea nunca, a menos que uno sienta claramente que Dios indica hacerlo. Cuando una persona le pide constantemente a Dios que la dirija en oración, en ocasiones la guiará para que use este tipo de plegaria. Esta oración debe surgir de nuestra comunión íntima con el Padre. Si lo haces por iniciativa propia, parecerá un disparate; sin embargo, si el Espíritu de Dios te ha indicado que des la orden, será eficaz. Tal como mencioné en el capítulo 19, nosotros no mandamos a Dios, sino que le pedimos. No obstante, sí le ordenamos al mundo de los demonios… con la autoridad divina.

Censura. La censura se asemeja al mandato en el sentido de que debe ser guiada por el Espíritu Santo. La responsabilidad no es nuestra. La diferencia es que va dirigida a la enfermedad o al Enemigo. Las oraciones de censura se emplean en casos de aflicción demoníaca o participación directa del Enemigo.

Pronunciamiento. En ocasiones, Jesús efectuó pronunciamientos, y sus discípulos también lo hicieron. Este tipo de oración consiste en declarar ante Dios una gran fe. Como en los casos del mandato y la censura, solo se debe emplear bajo la guía del Espíritu Santo. Este quizá sea el tipo más inusual de oración por sanidad.

Selecciona la oración que utilizarás según la situación y la percepción de lo que el Padre está haciendo. Deja que él guíe tu oración por la sanidad y será más eficaz.

4. EVALUAR LOS RESULTADOS

Cuando hayas orado por la sanidad, evalúa los resultados. Tal vez puedas hacerlo incluso durante el tiempo de oración. Pregunta lo siguiente: «¿Cómo vamos? ¿Sientes algún cambio?» Después de orar, siempre le pido a la gente que tiene dolor que me diga la verdad sobre lo que siente. Digo: «¿Está igual, mejor o peor?» No quiero que me digan que se sienten mejor solo para hacerme sentir bien, sino que deseo que experimenten el poder sanador de Dios. No obstante, si no sienten nada, también quiero saberlo.

> Los grupos pequeños son el mejor lugar para comenzar a orar por la sanidad.

Si no hay resultados, pregunta lo siguiente: «Dios, ¿cómo quieres que oremos?» Luego, continúa orando hasta que el enfermo o las otras personas presentes perciban que el Señor está actuando. Tal vez observes cambios en la persona enferma o sientas en tu interior que algo está sucediendo. Incluso puedes percibir una sensación en tu propio cuerpo que te indica que Dios está presente. Cuando veas estas manifestaciones del obrar divino, continúa orando. Si es necesario, es aconsejable hacer un receso. Guíate por esta regla: Mientras Dios trabaje, sigue trabajando. Si sientes que se ha detenido, detente.

Lo que me llevó a orar por la sanidad en 1983 fue la honestidad de John Wimber. Con anterioridad, había visto tanta farsa que dudaba de que la sanidad fuera real. Sin embargo, cuando escuché que Wimber y su equipo de oración les preguntaban a los enfermos: «¿Cómo te sientes?», sin asumir que ya habían sido sanados por completo, me di cuenta de que lo que hacían era genuino. Evalúa honestamente los resultados de las oraciones por sanidad.

5. DAR INSTRUCCIONES PARA DESPUÉS DE ORAR

A menudo hablamos de la gente que se sana, pero raras veces nos referimos a continuar gozando de buena salud; es decir, lo que la gente debe hacer para *continuar* sana y seguir saludable. Aun así, mantenerse sano es tan importante como sanarse. Supongamos que oraste por alguien que tiene una enfermedad de transmisión sexual y que la persona se curó. Lo que hay que hacer es decirle a la persona que mantenga su pureza moral para que no se vuelva a enfermar. Si una persona se sana de un resfrío común, y descubres que solo ha estado durmiendo cuatro horas por noche, podrías decirle: «Dios te tocó, pero quieres conservar la salud que él te dio, así que, no puedes seguir haciendo lo que hacías y esperar mantenerte bien».

Las instrucciones para después de orar se deben dar de forma afectuosa. Nuestro deseo es instar a las personas a vivir vidas saludables, no castigarlas por sus errores.

COMENCEMOS POR CASA

El lugar ideal para comenzar a orar por la sanidad utilizando estos cinco pasos es en un grupo que se reúna en una casa de familia. Los grupos caseros (o grupos pequeños) son un medio maravilloso de comunión y un sitio ideal para orar. Todos los cristianos deberían participar en un grupo de estos. Conozco a un pastor que cree tan profundamente en este tema que no ora por la sanidad de un individuo a menos que el enfermo forme parte de un grupo pequeño. Tu grupo pequeño es el mejor lugar para comenzar a practicar la sanidad divina. Este es un sitio donde puedes trabajar con un equipo de personas que conoces y se interesan unas por otras para que el poder sanador de Dios se despliegue.

OREMOS

Padre:

Anhelo comunicarme contigo con más frecuencia y eficacia. Sin embargo, como sucedió con los primeros discípulos de Jesús, sé que debo aprender a orar. Enséñame a ser sensible a tu Espíritu y a las necesidades de los que me rodean. Capacítame para confiar por completo en ti e invocarte abiertamente.

Te lo pido en el nombre de Jesús,

Amén.

A fin de obtener más preguntas de debate para grupos pequeños sobre este capítulo y otros recursos relacionados con la sanidad, visita www.wesleyan.org/gsh.

VEINTICUATRO

¿QUÉ DEBO DECIR CUANDO ORO?

Cuando empleo la Palabra de Dios en mis oraciones, él velará para que se cumpla lo dicho.

Rosana Juárez se había convertido al cristianismo hacía cinco años, y desde ese entonces se ponía nerviosa cuando tenía que orar en voz alta en grupo. Las oraciones de los demás parecían muy elocuentes y profundas. «Mis oraciones suenan como las de un niño de primer grado», pensaba Rosana.

Ella asistía fielmente a las reuniones de oración todos los miércoles. Los miembros de la iglesia tenían la costumbre de reunirse alrededor de las personas enfermas o angustiadas y les imponían las manos. Esta semana, Gisela Moreno pidió que oraran por ella y su esposo de ochenta y siete años.

—Rosana —dijo el pastor—, ¿podrías orar por Héctor y Griselda?

A Rosana le empezaron a transpirar las manos y tenía palpitaciones. No sabía qué decir.

—Ehh, sí, claro —balbuceó, y luego se quedó callada unos instantes. Tenía la Biblia en las manos y, sumamente nerviosa,

buscaba con desesperación qué decir, pero no se le ocurría nada.

—Señor, por favor, muéstrame qué decir —oró en silencio.

Entonces, miró la Biblia, que estaba abierta en el Salmo 23. Cerró los ojos y comenzó a orar:

—El Señor es mi Pastor, nada me faltará...

Muchas personas titubean buscando las palabras correctas para orar, y otras simplemente no oran porque no saben qué decir. Lo que tal vez sea peor es que algunos dicen un montón de cosas porque creen que, cuanto más digan, más eficaces serán sus oraciones. Entonces, ¿qué debemos decir cuando oramos por la sanidad? ¿Qué palabras tenemos que emplear al orar?

La forma más sencilla para comenzar a orar por la sanidad es utilizar las palabras que Dios ya nos dio: las Escrituras. Citar la Biblia en oración es una manera particularmente eficaz de orar por la sanidad, dado que las palabras no son nuestras, sino de Dios, y él se encargará de cumplirlas.

CONOZCAMOS LA PALABRA DE DIOS

Repasemos dos pasajes bíblicos sumamente conocidos y veamos cómo se vinculan entre sí. Isaías 53:4-5 dice: «Ciertamente él cargó con nuestras enfermedades y soportó nuestros dolores, pero nosotros lo consideramos herido, golpeado por Dios, y humillado. Él fue traspasado por nuestras rebeliones, y molido por nuestras iniquidades; sobre él recayó el castigo, precio de nuestra paz, y gracias a sus heridas fuimos sanados».

La palabra de Dios es poderosa; siempre cumple el propósito para el que fue enviada.

Mateo 8:16-17 dice: «Al atardecer le llevaron muchos endemoniados, y con una sola palabra expulsó a los espíritus, y sanó a todos los enfermos. Esto sucedió para que se cumpliera lo dicho por el profeta Isaías: "Él cargó con nuestras enfermedades y soportó nuestros dolores"».

Observa la frase: «Esto sucedió para que se cumpliera lo dicho por el profeta Isaías». Mateo nos dice que lo que predijo Isaías se llevó a cabo mediante el ministerio de Jesús. Isaías lo dijo, pero Jesús lo hizo. Entonces, ¿qué tiene de especial Isaías? En realidad, nada. Él era solo un hombre. No obstante, expresaba la palabra de Dios. Dios le dijo a Isaías: «Quiero que le digas esto a la gente». Entonces, Isaías se lo dijo. Luego, siglos más tarde, Dios se ocupó de que su palabra se cumpliera. Este es un principio bíblico: Dios vela para que su Palabra se cumpla. Cuando él dice algo, lo hace.

Cuando las personas que conocen la Palabra de Dios están llenas de ella, y cuando tienen el espíritu saturado con las Escrituras y las entienden, es mucho más probable que oren con eficacia por la sanidad.

EXPRESEMOS LA PALABRA DE DIOS

Las palabras tienen poder; sin embargo, el poder es mayor cuando se expresa la Palabra de Dios. Como se mencionó anteriormente, en una ocasión, Jesús mantuvo una conversación en un centurión. Este quería que su siervo fuera sanado, pero insistía con que no era necesario que fuera a verlo. Así que, le dijo: «Basta con que digas una sola palabra, y mi siervo quedará sano» (Mateo 8:8). En Marcos 11:23, el Señor afirmó: «Si alguno le dice a este monte…» Cuando citamos la Palabra de Dios con fe, él la honra. El Señor está atento para que su Palabra se cumpla. Jeremías 1:12 dice precisamente eso: que él está alerta para que se cumpla su Palabra, y se encargará de que así sea.

Cuando oramos pidiendo sanidad, decimos las palabras de Dios para que sane a quienes nos rodean. El Anexo A de este libro contiene oraciones tomadas de las Escrituras. Puedes utilizarlas para expresar la Palabra de Dios al pedir sanidad para ti y los que están a tu alrededor. Empléalas para comenzar tu ministerio de sanidad y reclamar el poder del pacto al citar las Escrituras.

> Cuando empleamos la Palabra de Dios en la oración, alegamos la autoridad divina.

En este punto, es necesario hacer una advertencia. Se puede abusar del principio de citar la Palabra. Algunos han llegado a creer que, simplemente, podemos indicarle a Dios qué hacer, y que él tiene que obedecer. En general, este abuso se conoce como la enseñanza *Menciónalo, reclámalo*. Sin embargo, nosotros no tenemos interés de manipular a Dios para que nos conceda lo que queremos (como si esto fuera posible), sino que estamos refiriéndonos al concepto de recibir el poder sanador que él promete en su Palabra.

El Padre te ama con pasión y desea que estés bien. No hay nada que lo satisfaga más que escuchar que sus hijos repiten las palabras que él les dio. Memoriza la Palabra de Dios, medita en ella, permite que sature tu espíritu; y entonces, cuando más la necesites, tráela a la mente y exprésala. Luego confía en que el Señor cumpla con lo que dijo, tal como prometió que lo haría.

MI SANIDAD

En varias ocasiones me referí a una afección respiratoria que tuve hace algún tiempo. En 1992, comencé con una tos que se fue agravando bastante. El 2 de abril, a las 3:30 de la tarde, tuve un acceso de tos tan intenso que pensé que me iba a morir. Traté de llegar a otro cuarto de la casa donde estaba Carol, pero no pude, ya que me desmayé y caí al piso. Más tarde, el médico me dijo que había tenido un espasmo laríngeo que obstruyó el paso del aire y no me dejaba respirar. Cuando me desmayé, los músculos se relajaron y pude volver a respirar. Quedé aterrorizado con lo que me había sucedido.

A la mañana siguiente me pasó lo mismo, y de allí en adelante me atacaban espasmos hasta cinco o seis veces por día. Apenas tres o cuatro segundos antes de quedarme completamente sin aire, me daba cuenta de lo que iba a pasar. A menudo comenzaba a gritar pidiendo ayuda, pero no podía emitir ningún sonido. Finalmente, estuve dos semanas postrado en cama. Vivía con terror esperando que me atacara otro espasmo, y nunca estaba seguro de que fuera a recuperarme después de cada ataque.

Durante esa época, comencé a escuchar una grabación con canciones sobre la sanidad intercaladas con pasajes bíblicos acerca del mismo tema. En la noche ponía la reproductora de cintas junto a mi cama y escuchaba la grabación una y otra vez a lo largo de esas horas interminables. Las palabras que Dios le dijo al rey Ezequías, que se encuentran en 2 Reyes 20:5, cobraron un significado especial para mí. Dicen así: «He escuchado tu oración y he visto tus lágrimas. Voy a sanarte». Cada vez que comenzaba a escuchar la grabación, esperaba con ansias que llegaran esas palabras, ya que eran una fuente de consuelo y fortaleza increíbles. ¿Por qué? Porque son palabras de Dios. Entonces, durante las horas de la noche, mediante una cinta grabada, oía la Palabra de Dios.

No me sané de inmediato. Durante los trece años siguientes fui mejorando lentamente, y desde hace bastante tiempo no he tenido más ataques. ¡Mi sanidad no fue instantánea, pero alabado sea el Señor, sí se produjo! Ahora bien, una parte vital de esa sanidad fue descubrir el poder de la Palabra de Dios dicha directamente a mí, ya que su Palabra es poderosa y eficaz, y él está alerta para que se cumpla.

OREMOS

Padre:

Tu Palabra es poderosa y eficaz, y más cortante que espada de dos filos, capaz de penetrar en el corazón humano, atravesar la mente y revelar los pensamientos secretos. Además, tu Palabra es poderosa y eficaz, y sé que no volverá a ti con las manos vacías, sino que cumplirá el propósito para el cual la enviaste. Te pido que coloques tus palabras en mi boca para que pueda expresarlas con autoridad al pedir por sanidad y buena salud, en el nombre de Jesús.

Amén.

A fin de obtener más preguntas de debate para grupos pequeños sobre este capítulo y otros recursos relacionados con la sanidad, visita www.wesleyan.org/gsh.

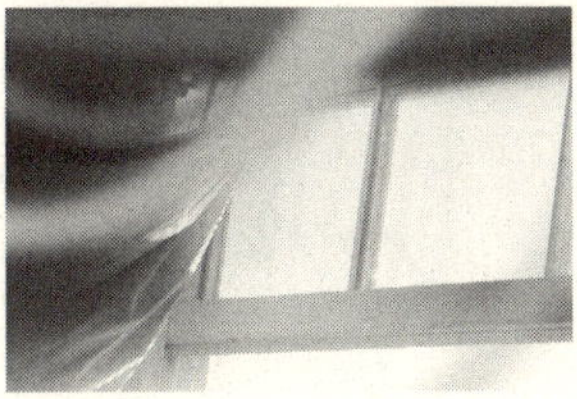

VEINTICINCO

¿SERÁ CIERTO REALMENTE QUE DIOS SANA HOY?

Debemos aceptar por fe lo que no entendemos.

Sonia se movía de un lado a otro en el asiento porque se sentía incómoda, así que, se cruzó de brazos y trató de quedarse quieta. Las cuatro parejas de su grupo pequeño acababan de comenzar un estudio de seis semanas sobre el tema de la sanidad. Hubiese querido evitar la reunión, pero esta vez a ella le tocaba ser la anfitriona.

—¿Alguien tiene algún pedido de oración? —preguntó Jorge. Detrás de la pregunta, llovió una serie de enfermedades: la tía de uno había tenido un derrame cerebral, al cuñado de otro lo iban a operar para hacerle un bypass y dos niños tenían tos convulsa.

—Bueno —dijo Jorge para terminar—, tómense de la mano y pidámosle a Dios que cure estas enfermedades.

Sonia vaciló. ¿Debía decir lo que pensaba o no? Luego pensó en su madre que estaba internada en el hospital. Hacía dos años que luchaba contra un cáncer, y cada vez que terminaba un tra-

tamiento, Sonia confiaba menos en que la medicina la ayudara a curarse. ¿Quedaba alguna esperanza?

—Jorge —dijo ella—, yo tengo otro pedido... por mi mamá. Me gustaría que oráramos por ella. Quiero creer que Dios la puede sanar... pero no sé si puedo.

¿Es verdad que Dios sana hoy? ¿Nos atrevemos a creer en cosas que no se pueden verificar de forma científica? Esta es la pregunta clave que la mayoría de la gente se hace en cuanto a la sanidad. Al fin y al cabo, nos preocupamos más por saber si Dios sana o no que en averiguar cómo y cuándo lo hace. ¿Cómo podemos saber que todo esto es cierto? ¿Podemos estar seguros de que Dios continúa sanando?

La respuesta a esta pregunta tiene cierta vinculación con nuestra manera de entender el mundo y con la cultura en que vivimos. De todos modos, y en definitiva, es una cuestión de fe.

UN MUNDO DE TRES NIVELES

En el mundo moderno se nos entrena para interactuar con las cosas de manera empírica. Esto simplemente significa que nos enseñaron a aceptar como verdadero lo que podemos percibir con nuestros cinco sentidos. Si podemos ver, oír, tocar, oler y gustar, no tenemos problema en creer.

Sin embargo, somos seres espirituales, y la mayoría de nosotros sabe (aunque no nos lo hayan enseñado en la escuela) que existen algunas cosas que no podemos experimentar con nuestros cinco sentidos. La mayoría de la gente cree que Dios existe. Las encuestan revelan de forma constante que las personas creen que el cielo es el lugar donde vive la gente después de morir. Sabemos que hay un mundo espiritual, aunque no lo podamos ver. Por lo tanto, casi todos aceptamos la idea de que hay dos mundos, uno físico y otro espiritual.

Dios no está lejos ni despreocupado, sino participa de forma directa en nuestras vidas.

El mayor problema se nos presenta con lo que un profesor del Seminario Teológico Fuller denominaba *tercero excluido*. Esta expresión se refiere al área que se superpone entre el mundo físico y el espiritual. Muchas personas que no tienen problemas para creer en Dios se resisten a la idea de que él esté obrando en nuestro mundo en este preciso instante. A la gente que acepta la existencia de los ángeles le resulta difícil creer que uno pueda aparecer en la tierra en forma visible. Es extraño, pero parece ser que solo en el pensamiento occidental es complicado creer en esta combinación entre el reino físico y el espiritual.

Creer que Dios sana hoy significa aceptar el tercero excluido, la superposición entre el mundo físico y el espiritual; es decir, no solo creer que Dios existe, sino también que está activo en el mundo en este momento.

UNA PERSPECTIVA CULTURAL

Si tuviera que enseñar el tema de la sanidad divina en otra cultura, no lo haría de la misma manera, porque a la gente de muchas otras civilizaciones le resulta más fácil aceptar la idea de la participación sobrenatural en el mundo. Por ejemplo, estaba predicando sobre la sanidad en una de las regiones más pobres de Haití y en el mensaje no utilicé la mayoría de los argumentos racionalistas que aparecen en este libro. ¿Por qué? Porque a casi todos les resultaba fácil creer que Dios de veras está actuando en el mundo. Simplemente dije: «Dios desea sanarte».

Esa noche presencié una de las sanidades más grandiosas que observé en toda mi vida. Había un hombre que tenía las piernas paralizadas. Después de la predicación, pasó al frente, y yo pensé: «Dios mío, este hombre apenas puede estar de pie». Unos instantes después, escuché el golpe de las muletas que habían caído al suelo, y me di cuenta de que el hombre estaba parado sobre sus pies. La gente aplaudía y festejaba cuando el hombre empezó a caminar… y luego a correr. Confieso que esa noche había tenido poca fe, pero aumentó al ser testigo del milagro que se produjo en ese momento. Cuando el hombre se dio cuenta de que podía estar de pie sin ayuda, explotó de gozo y comenzó a correr y a saltar. Había sido sanado.

En ese lugar no había tercero excluido; la gente no necesitaba una explicación racional de lo que habían visto, ya que vivían en un mundo donde lo material y lo espiritual se aceptaban con facilidad. A nosotros nos puede resultar algo primitivo y contrario a la ciencia, pero para ellos fue una realidad.

ES NECESARIO TENER FE

A la larga, debemos aceptar por fe lo que no podemos verificar ni entender por completo. Mi oración a Dios es que hayas entendido que Dios está estableciendo su reino en el planeta tierra y que ese reino incluye la sanidad de los cuerpos enfermos. Cuando el reino se manifieste en plenitud, no habrá enfermedades. Desaparecerán las dolencias, la tristeza y la muerte. Este será el plato principal del banquete del reino. Por ahora, solo disfrutamos del aperitivo: tenemos atisbos de sanidades, pero anhelamos más.

La decisión de confiar en Dios para la sanidad es un acto de fe.

¿Dónde está el reino venidero? En este momento, está dentro de ti. Mi oración es que puedas abordar este tema con la fe de un niño, que aceptes las Escrituras tal como son, que creas lo que Dios dice. Tienes un Padre celestial que anhela que goces de buena salud. Es imposible comprobarlo por medios científicos, pero aun así es verdad. Cuando te decidas a orar por los enfermos, que la bendición de Dios te rodee y que él te capacite para desplegar su poder sanador sobre aquellos que lo necesitan.

OREMOS

Padre:

Creo en ti; creo que eres real; creo que eres bueno; y creo que recompensas a los que te buscan con ansias. Señor, ahora te pido por mí y por los que me rodean. Te pido que despliegues tu poder sanador en mi vida. Quiero estar sano. Por favor, cúrame. Te pido que tu poder sanador también se despliegue sobre otras personas. Pongo sus nombres delante de ti y clamo para que tengas misericordia. Dame poder a fin de orar con fidelidad y perseverancia para que nos sanes.

Te lo pido en el nombre de Jesús,

Amén.

A fin de obtener más preguntas de debate para grupos pequeños sobre este capítulo y otros recursos relacionados con la sanidad, visita www.wesleyan.org/gsh.

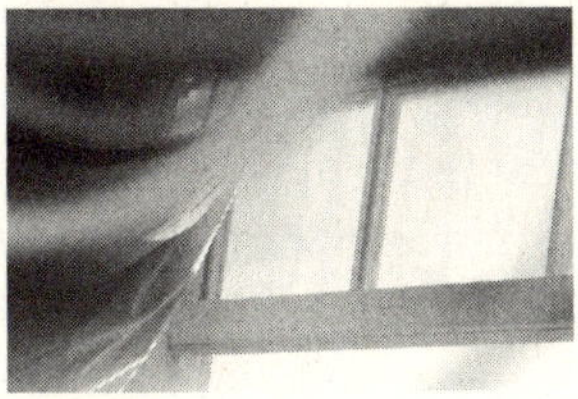

ANEXO A

PASAJES BÍBLICOS PARA ORAR POR LA SANIDAD

de Carol Jane Garlow

No hay manera más eficaz de orar por la sanidad que expresar en oración las propias palabras de Dios. La Biblia dice: «Así es también la palabra que sale de mi boca: No volverá a mí vacía, sino que hará lo que yo deseo y cumplirá con mis propósitos» (Isaías 55:11). Cuando citamos las Escrituras en oración, imploramos la autoridad de la palabra de Dios, y es esta autoridad la que produce resultados.

Estas oraciones están basadas en paráfrasis de diversos pasajes relacionados con diferentes aspectos de la sanidad. Utilízalas para comenzar a orar por tu sanidad personal o la de otras personas. Con el tiempo, empezarás a elaborar tus propias oraciones para pedir por la sanidad, basadas en la Palabra de Dios.

POR UNA VIDA ABUNDANTE Y BUENA SALUD

Padre que estás en los cielos, tu Palabra promete una vida abundante y un pacto eterno contigo. Tú dices: «Vengan, todos los que tienen sed, vengan a las aguas … Escuchen y vengan a mí; óiganme, para que viva su alma. Haré un pacto eterno con ustedes, el amor fiel que le prometí a David … Busquen al Señor mientras puedan encontrarlo; invóquenlo entre tanto que está cerca … Porque mis pensamientos no son los pensamientos de ustedes, ni sus caminos son mis caminos ... Como los cielos son más altos que la tierra, así son mis caminos más altos que los de ustedes, y mis pensamientos que sus pensamientos... Así es mi palabra que sale de mi boca: No volverá a mí vacía, sino que cumplirá mis deseos y concretará el propósito para el cual la envié». Que estas palabras inunden mi espíritu y me concedan la vida abundante que, en tu gracia, me extiendes. Padre, que el pacto de vida que tengo contigo concrete las cosas que deseas concederme. Señor mío y Dios mío, te adoro y te alabo. Amén.

(Parafraseado de versículos de Isaías 55).

POR REDENCIÓN Y RESTAURACIÓN

Padre que estás en los cielos, te alabo por la redención y la restauración que ofreces. No tengo que temer, porque tú me has redimido. Me llamaste por mi nombre y dices que soy tuyo. Cuando atraviese las aguas de circunstancias tormentosas y caóticas, tú estarás conmigo; cuando cruce ríos, las dificultades no me ahogarán; cuando atraviese el fuego de las complicaciones, no me quemaré ni las llamas me abrazarán. Mi Redentor me dice: «Yo soy tu Señor, tu Santo, el Creador de Israel, tu Rey». Él es quien abre caminos en el mar y senderos en las aguas turbulentas. El Señor me sanará y curará mis heridas. En el triunfo de mi redención y restauración, derramarás tu Espíritu sobre mí y mis descendientes. También enviarás tu bendición sobre mí y mi familia. Mi Dios, te agradezco y te adoro. Amén.

(Parafraseado de Isaías 43:1-2,15-16; 44:3;
Jeremías 30:17).

PARA ACERCARSE A DIOS

Padre, vengo delante de ti y bendigo el nombre del Señor con alabanzas continuas en mi boca. Me arrodillo humildemente para poner en tus manos mis necesidades y deseos. Que mi mayor anhelo siempre sea buscarte, porque tú estás cerca de aquellos que tienen el corazón quebrantado y el espíritu abatido. Al colocarme en silencio ante tu presencia, que tu Espíritu supla las necesidades físicas y espirituales que tengo. Las aflicciones de los justos pueden tener muchos aspectos diferentes, pero tu Palabra dice que los librarás de todas ellas. Gracias por escucharme y librarme de todos mis miedos. Oh, Señor, qué maravilloso es probar y ver lo bueno que eres. Hay grandes bendiciones cuando confío en ti. Amén.

(Parafraseado del Salmo 34)

POR LA UNCIÓN DIVINA PARA LA SANIDAD

¡Oh, den gracias al Señor, porque él es bueno! Su misericordia dura para siempre. Cuando clamo al Señor en mi angustia, él me libra de la desesperación. Lo único que tiene que hacer el Señor es enviar su palabra, y eso me sana. También me libra de la destrucción de mis caminos. Jesús, tú les mostraste a tus discípulos cómo sanar, e incluso los enviaste a hacerlo. Tu unción para sanar todavía tiene poder para restaurar todo mi ser y darme buena salud espiritual, emocional y física. Padre, gracias por el regalo de la sanidad. Siento que la presencia del reino de Dios se ha acercado a mí y a aquellos que oran por mí. Señor, te doy gracias por tu bondad y las obras maravillosas que manifestaste en mi vida. Amén.

(Parafraseado de Salmo 107:1,19-21; Lucas 10:9).

PARA DECLARAR LA VERDAD Y LA CONFIANZA EN DIOS

Padre que estás en los cielos, tú sabes lo que me ha sobrevenido. El gozo de mi corazón ha cesado y mi danza se ha convertido en lamento. Sin embargo, Señor, dentro de mi ser tengo confianza en que permaneces para siempre. Necesito volverme a ti para ser restaurado. Renueva mis días, como en el pasado. Señor, te agradezco por ser misericordioso conmigo. Mi alma confía en ti. Me refugiaré en la sombra de tus alas hasta que estas tragedias hayan pasado. Señor, mi corazón está firme. Me encanta cantar y alabar porque tu misericordia llega hasta los cielos y tu verdad se eleva hasta las nubes. Señor, te exalto más allá de los cielos; tu gloria está por encima de toda la tierra. Amén.

(Parafraseado de Lamentaciones 5:1,15,19,21; Salmo 57:1,7).

PARA SER SANADO DEL DOLOR Y LA ENFERMEDAD

Padre que estás en los cielos, te alabo y te exalto porque me has levantado. Cuando experimento angustia y dolor, puedo clamar a ti, y tú me sanas. Oh, Señor, mi cuerpo y mi alma se sienten cercanos a la muerte. Miro tu palabra, que dice: «Tú, SEÑOR , me sacaste del sepulcro; me hiciste revivir de entre los muertos» (Salmo 30:3). Padre, tu deseas mantener mi espíritu animado y sin desesperación. Mis problemas provocan lágrimas que pueden durar una noche, pero el gozo llega por la mañana. Oh, Señor, seguiré clamando a ti y pondré delante de ti mi súplica. Oh, Señor, sé que escuchas, que tendrás misericordia de mí y que me ayudarás. Dios mío, te agradezco por convertir mi angustia en danza; tú me quitas las vestimentas de duelo y me rodeas de alegría. Mi alma te canta alabanzas, y no me quedaré en silencio. Yo sé que eres el Señor mi Dios, y te agradeceré para siempre. Amén.

(Parafraseado del Salmo 30).

POR EL PERDÓN

Padre, tú eres Jehová-rafa, el que sana. Te agradecemos por tu naturaleza perdonadora que nos limpia de todos nuestros pecados. Junto con el perdón, hay mucha sanidad. Colocamos bajo la autoridad de tu palabra las enfermedades y las dolencias que plagan nuestros cuerpos. Por el poder de tu palabra, proclamamos la sanidad sobre el trauma emocional y la esclavitud espiritual que nos afectan. Amén.

(Parafraseado del Salmo 103:2-3 y 1 Corintios 4:20).

PARA RECLAMAR LA VICTORIA MEDIANTE EL PODER DE DIOS

Dios mío, Jehová-nissi, declaro que eres mi bandera, mi victoria. Esta batalla contra _____________ me aterroriza. Me vencen las dudas y el miedo. No quiero vivir todos los días desanimado y derrotado. He decidido cobrar fuerzas en las promesas de tu Palabra para tener valor para luchar. Tu bandera de amor, victoria y guía irán siempre delante de mí. En este momento necesito pedirte por una mentalidad victoriosa y una posición firme, mientras tengo a Jehová-nissi a mi lado. No temeré ni desmayaré a causa de esta gran dificultad, porque la batalla no es mía, sino de Dios. Padre, gracias por colocar tu bandera de victoria sobre mi vida. Amén.

(Parafraseado de Josué 1:9 y 2 Corintios 20:15).

POR LA SANIDAD MEDIANTE LA CRUZ DE CRISTO

Jesucristo, nuestro sumo sacerdote, tú eres aquel a quien podemos invocar para contarte todo lo que tenemos en el corazón. Tú conoces todas nuestras penas, angustias, heridas y dolores porque también experimentaste estas cosas. Fuiste despreciado y rechazado por muchos, y no siempre valoramos lo que eres en realidad. A pesar de todo esto, Jesús, tú nos escogiste para cargar sobre ti nuestros dolores; tú vas a acarrear el peso de nuestras heridas y enfermedades. ¡Cuánto nos amas! Nos asombramos al darnos cuenta de la agonía y el sufrimiento que soportaste durante toda tu vida por nosotros. Nuestros errores, nuestro pecado y nuestras impurezas te llevaron a la cruz; nuestra iniquidad, nuestra maldad y nuestra rebelión te hirieron, te aplastaron y te atravesaron. Señor, gracias por tu sacrificio; gracias por esa obra que brinda salvación, salud y una vida plena y abundante a todos los que reconocen lo que has hecho. Esta obra expiatoria, esas heridas que te hicieron, nos proporcionan sanidad, sanidad divina. Jesús, te agradecemos porque, por la fe en ti podemos ser sanados de nuestras enfermedades físicas. Las heridas emocionales que tenemos en nuestros corazones pueden ser curadas; nuestras mentes renovadas y recuperadas. Una vez más, Jesús, te agradecemos por tu amor, misericordia y perdón. Que tu nombre sea alabado y glorificado. Amén.

(Parafraseado de Isaías 53).

PARA TENER FORTALEZA DURANTE EL DOLOR Y EL SUFRIMIENTO

Oh, Señor, he esperado pacientemente ser sacado de este pozo horrible. El dolor y el sufrimiento que me provoca mi (pecado, trauma o enfermedad) me hacen sentir como si estuviera empantanado en el barro. Sé que Dios me puede liberar y colocar sobre una roca; él puede afirmar mis pasos. Por favor, no apartes de mí tus tiernas misericordias. Oh, Señor, que tu bondad y verdad me preserven continuamente. En lugar de seguir en el dolor y la devastación que me consumen, deseo tu apoyo y fortaleza. Quiero conocer más de Jesús y entender el poder de su resurrección, porque en la medida en que me afirme en su victoria podré triunfar sobre las circunstancias que estoy atravesando. También existe comunión en el sufrimiento que comparto con Jesús; él entiende mis angustias. Conocer a Jesús, el Cristo, me da la confianza de que aquel que comenzó una buena obra en mí la completará. Por eso, con la resistencia del Señor, sigo hacia la meta, el premio del elevado llamado de Dios en Cristo Jesús. Amén.

(Parafraseado del Salmo 40:1-3,11; Filipenses 1:6; 3:10,14).

POR ESPERANZA MEDIANTE LA MISERICORDIA Y LA REDENCIÓN DIVINAS

Padre que estás en los cielos, te agradezco por tu misericordia y tu redención. Mi estilo de vida no siempre ha honrado la verdad de tu Palabra. Clamo a ti, Señor, y tú escuchas mi clamor por misericordia. No puedo creer cuán misericordioso y perdonador eres. Mi pecado y mi maldad me han generado muchas dificultades que no puedo solucionar solo. Ahora espero en ti, Señor, y pongo mi esperanza en tu Palabra. Que las promesas y los caminos de tu Palabra sean plantados en mi corazón y mi mente para poder vivir con libertad en tu abundante redención. Sé que junto con la redención vienen el bienestar y la salud, tanto de la mente como del cuerpo. Deseo adorarte continuamente porque tengo una gran expectativa como resultado de mi esperanza en el Señor. Amén.

(Parafraseado del Salmo 130).

PARA EXPRESAR ESPERANZA Y CONFIANZA EN DIOS

Oh, Señor, debo poner mi esperanza en ti, debo poner mi confianza en ti. Tengo muchas dudas y temores. Estoy desesperado porque no puedo soportar más esta situación. Oh, Señor, debo poner mi esperanza y mi confianza en tu Palabra. Oro para que mi alma espere tranquila en ti y solo en ti. En lugar de confiar en el conocimiento y las opiniones humanas, pongo en ti mis expectativas. Tú solo eres mi roca y mi salvación. No seré removido porque tú eres mi refugio. Te pido que tú, el Dios de esperanza, me llene de todo gozo y paz al creer en tu Palabra y tus promesas. Que la esperanza abunde en mí por el poder del Espíritu Santo. Amén.

(Parafraseado del Salmo 39:7; Salmo 62:5 y Romanos 15:13).

POR REFUGIO Y FORTALEZA EN LA ANGUSTIA

Oh, Señor, mi Dios, tú eres mi refugio y mi fortaleza. Muchas veces estoy en problemas, y tú estás siempre presente para ayudarme. Eres tan digno de confianza que no tengo por qué temer, aunque la tragedia esté en la tierra y en mi casa. «Aunque rujan y se encrespen sus aguas, y ante su furia retiemblen los montes. Hay un río…» (Salmo 46:3-4). Sí, Señor, ese río es un símbolo de tu presencia tranquilizadora y consoladora que fluye sobre mí como si entrara en el lugar santo de tu morada. Cuando estoy allí, nada puede perturbarme ni sacudirme. Señor, tú estás conmigo. Deseo habitar en el santuario de tu presencia, y en ese sitio seguro estaré tranquilo. Tengo la plena certeza de que tú eres Dios y me darás la victoria para vencer la tragedia que representan mis problemas. Gracias, Dios mío. Te adoro porque eres mi refugio y mi fortaleza. Amén.

(Parafraseado del Salmo 46).

POR SEGURIDAD Y PROTECCIÓN

Oh, Señor Altísimo, cuando me siento inseguro y desprotegido, necesito morar en el lugar secreto que tú brindas. Durante un ataque de _____________, me puedo refugiar en la sombra de El Shaddai, el Todopoderoso. En esos momentos, te convertiré en mi refugio y fortaleza. Dios mío, sé que puedo confiar en ti. Hay algunos que me quieren hacer caer en una trampa. Las artimañas de Satanás me aterrorizan porque trata de destruirme; pero una vez más, Señor Altísimo, yo sé quién es mi refugio, sé dónde puedo morar para que no me alcance ningún mal. Como el Señor me entiende, he puesto en ti mi confianza; tú me librarás. Como te reconozco y te invoco, tú, Señor, me responderás y estarás conmigo en mi angustia. El Señor Todopoderoso promete librarme y premiarme con una vida larga. A ti, Señor, te doy toda la honra y la gloria. Amén.

(Parafraseado del Salmo 91).

POR AYUDA Y PROTECCIÓN

Oh, Señor, elevo mis ojos a los montes, donde sé que está la fuente de mi ayuda. En esa morada, tú, el Creador de los cielos y la tierra, eres mi guardián y mi protector. Tu trono es lo suficientemente firme para guardarme y preservarme. Tú no duermes por eso, sé que siempre me estás protegiendo. Tu sombra me cuida veinticuatro horas por día. Debido a que te llamo mi Señor, me preservarás y guardarás física y espiritualmente de todo mal. Tú, Señor, me protegerás y me cuidarás cuando salga, y también me protegerás y cuidarás cuando entre, ahora y para toda la eternidad. Que la alabanza y la gratitud sean para ti. Amén.

(Parafraseado del Salmo 121).

PARA SER LIBERADO DE LA ANSIEDAD

Padre que estás en los cielos, me regocijo en ti. Una vez más, me regocijo, porque puedo dirigirme a ti en oración y presentarte todos mis pedidos. No tengo que estar ansioso porque puedo expresarte mis necesidades más profundas y también mi gratitud a ti. Te pido que tu paz, que va más allá de toda comprensión, guarde mi corazón y mi mente en el nombre de Jesús. Deseo concentrar mis pensamientos en ti y meditar en esas cosas que son verdaderas, nobles, justas, puras, llenas de amor y buena reputación. Sé que puedo hacer todas las cosas a través de Jesús, quien tiene el poder para fortalecerme y sostenerme en los momentos difíciles. Lo que necesito me será suplido conforme a las riquezas de tu creación, y tú proveerás abundantemente según las riquezas de tu gloria mediante Jesucristo. Ahora sea la gloria a mi Dios y Padre para toda la eternidad. Amén.

(Parafraseado de Filipenses 4:4,6-8,13,19-20).

PARA EXPRESAR CONFIANZA EN LA FIDELIDAD DE DIOS

Oh, Señor, mi confianza está en ti. Tú me alientas a hacer el bien. Morar en ti y nutrirse de tu fidelidad dan seguridad. En ti, oh Señor, me deleito, y tú cumples los deseos de mi corazón. Al descansar en ti y esperar con paciencia que tu mano obre, puedo calmar la ansiedad que tengo por esta situación difícil. Tu Palabra promete que la salvación del justo procede del Señor; tú eres mi fortaleza en los momentos de angustia. Señor, te agradezco por haberme ayudado, liberado y salvado, porque confío en ti. Amén.

(Parafraseado del Salmo 37).

PARA PEDIR LA PROVISIÓN DE DIOS

Padre que estás en los cielos, te alabo porque considero que eres grande y digno de ser alabado. Al adorarte, meditaré en el glorioso esplendor de tu majestad y tus obras maravillosas; porque tú, Señor, eres un Dios de gracia y lleno de compasión, lento para enojarte y sumamente misericordioso. Hay momentos en que mi vida es tan complicada que me parece que no lo voy a soportar. Me tiembla el paso y comienzo a caerme; pero tú, Señor, te colocas a mi lado y me sostienes. Cuando mi trabajo, mi enfermedad, mi pobreza, sea financiera o espiritual, me deprimen, tú estás allí para levantarme. Mis ojos te miran expectantes porque tú eres mi fuente definitiva de ayuda, el que me da todo lo que necesito en el momento oportuno. Tú abres tu mano y cumples el deseo de todo lo que vive. Como el Señor es justo en todos sus caminos y lleno de gracia en todas sus obras, puedo invocarlo y él estará cerca de mí. Alabo y agradezco al Señor, porque cuando escuche mi clamor, vendrá y me salvará. Tengo una promesa de la Palabra de Dios que dice que él preservará a los que le aman (Salmo 145:20). Por eso, mi boca desea alabar al Señor permanentemente. Amén.

(Parafraseado del Salmo 145).

PARA EXPRESAR ESPERANZA MEDIANTE LA ORACIÓN PERSEVERANTE

Padre que estás en los cielos, estoy angustiado. Mi fuerza y mi esperanza perecieron. En medio de mi aflicción y mi clamor, mi alma sigue recordándote y se inclina ante ti. De todos modos, vuelvo a traer a la mente la realidad de la esperanza que tengo. Por las misericordias de Dios no soy consumido, porque su compasión nunca falla; es nueva cada mañana. Puedo decir: «¡Muy grande es su fidelidad! … El SEÑOR es todo lo que tengo. ¡En él esperaré!» (Lamentaciones 3:23-24). Señor, tú eres bueno con los que esperan en ti, con aquellos que te buscan. Cuando aguardo expectante y espero la salvación del Señor, en mi camino se presentan cosas buenas. ¡Bendito sea tu nombre! Amén.

(Parafraseado de Lamentaciones 3:18-26).

PARA EXPRESAR EL PODER Y LA AUTORIDAD DE LA PALABRA DE DIOS

Jesús, gracias por venir a este mundo como una luz que brilla en las tinieblas del mal. Satanás está disfrutando de un buen momento con mi vida. Pido, en tu nombre, que derrames tu luz sobre las obras malvadas de Satanás y expongas el engaño y las mentiras. En el nombre de Jesús digo: «¡Satanás, apártate de mí! Adoraré solo al Señor mi Dios, y a él solo serviré. Con la autoridad del nombre de Jesús, te digo que no tienes poder sobre mí, mis circunstancias ni mi familia. Tú no tienes autoridad para actuar en mi vida ni poder para dañarme». Jesús, reconozco que tú eres aquel que Dios envió al mundo porque nos amaba tanto. Me afirmo en la verdad de la Palabra de Dios y en sus caminos. Deseo que tu luz resplandezca en mi vida para poder andar de manera victoriosa. Expreso con mi boca el poder de la Palabra de Dios para proteger mi vida y a mi familia. Jesús, te agradezco por el poder y la autoridad que son más fuertes que las artimañas del diablo. Te adoro solo a ti, que reinas poderosamente sobre todas las áreas de mi vida. Amén.

(Parafraseado de Juan 3:19,20; Lucas 4:8; 10:19 y Efesios 5:8,9).

A FIN DE PREPARARSE PARA LA LUCHA ESPIRITUAL

Padre que estás en los cielos, danos fuerza en ti y el poder de tu fortaleza al salir a atacar a los poderes satánicos. Tú también nos das la armadura que nos permite mantenernos firmes frente a las artimañas del diablo. Sabemos que la confusión y la lucha que enfrentamos no proceden de otras personas, sino de las maldades de Satanás, sus fuerzas demoníacas y el poder que gobierna en los lugares celestiales. Para soportar la maldad que nos asedia, debemos colocarnos la armadura de Dios y mantenernos firmes. Cuando estamos parados firmes, la verdad de la Palabra de Dios nos ciñe la cintura, y la coraza de la justicia nos protege la parte superior del cuerpo. Nuestros pies están preparados y listos, calzados con el evangelio de la paz. Tenemos el escudo de la fe como elemento de protección importante para detener los dardos de los artilugios de Satanás. El casco de la salvación que nos cubre la cabeza protege todo nuestro ser: espíritu, cuerpo y alma. La espada del Espíritu, que es la palabra de Dios, nos da fortaleza para mantener nuestra posición de batalla. Y ahora, Satanás, te hablamos a ti: «En el nombre de Jesús, estás derrotado. No tienes autoridad sobre nosotros ni los problemas que enfrentamos». Reclamamos la victoria en esta lucha contra ______________. Gracias, Padre, por las huestes celestiales que pelean a nuestro favor en esta batalla. Tú debes ser adorado, alabado y honrado como el Dios único y verdadero. Amén.

(Parafraseado de Efesios 6:10-18).

POR FORTALEZA PARA PELEAR LAS BATALLAS

Oh, Señor, te alabo con todo mi corazón por tu bondad y tu verdad. Cuando clamé, tú me respondiste y fortaleciste mi alma dándome valor. Aunque atraviese dificultades, tú estarás allí para reanimarme, extenderás tu mano contra la ira de mis enemigos y tu diestra me salvará. El Señor concretará la obra de sanidad que necesito. Gracias por cumplir todas las promesas que me has hecho y todos los planes que tienes para mi vida. Oh, Señor, tu misericordia permanece para siempre. Amén.

(Parafraseado del Salmo 138:1-3,7-8).

PARA RECLAMAR LA VICTORIA MEDIANTE LA ADORACIÓN

Bendito sea el Señor, Roca mía, que entrena mis manos para la guerra y mis dedos para la batalla. Mantendré mis ojos puestos en ti, por tu bondad y compasión. No me rendiré porque tú eres mi defensa, mi torre alta y mi libertador. Siento que me rodeas como un escudo; tú eres aquel en quien me refugio. Oh, Señor, fortaleza mía, te amo. Señor, tú eres mi roca; tú eres mi Dios, la fuerza en la cual confiaré. Tú eres mi escudo y el sostén de mi salvación; tú eres mi protección frente a los planes dañinos de Satanás. Invocaré al Señor, el cual es digno de ser alabado.

(Parafraseado de Salmo 144:1,2; Salmo 18:1-3).

PARA SER LIBERADO DEL AGOBIO Y LAS AFLICCIONES

Padre, vengo a ti con la pesada carga de esta aflicción. Con humildad, ayuno y oración someto a ti mi espíritu puro y angustiado para que lo liberes de las cadenas de la maldad, la aflicción y la enfermedad, y para que me quites este agobio tremendo. Deseo sentir tu presencia y tu fortaleza durante este tiempo. Tú te deleitas en el sacrificio y la privación del cuerpo y el espíritu al ayunar ,porque tu poder, Padre, se despliega a través de este proceso de liberación de la esclavitud. Además, tu Palabra promete: «Tu luz despuntará como la aurora, y al instante llegará tu sanidad» (Isaías 58:8). Te pido que tu justicia vaya delante de mí y que la gloria del Señor proteja mis espaldas. Necesito fortaleza para mis huesos y agua refrescante para aliviar mi espíritu. Señor, te agradezco por satisfacer mi alma en momentos difíciles y por guiarme continuamente a través de esta experiencia. Sin duda, eres un Dios asombroso. Amén.

(Parafraseado de Isaías 58).

PARA DETENER PECADOS Y MALDICIONES GENERACIONALES

Padre que estás en los cielos, deseo poner fin al poder del pecado y la iniquidad generacionales que me impiden lograr la victoria en las situaciones difíciles de mi vida. Los padres y las madres de mi linaje generacional pecaron y ya no están, pero yo acarreo sus transgresiones. En primer lugar, Señor, quiero presentarme delante de ti con manos limpias y corazón puro; te confieso esos pecados que he guardado y te pido que me perdones. Gracias por ser fiel y justo para perdonarme y limpiarme de toda maldad. Sé que los pecados generacionales están obrando en mi familia, y te pido que alejes sus efectos de mi vida. Perdono a mis antepasados por haber incorporado el pecado y la iniquidad al linaje familiar. Por el perdón concedido a mi familia, y en el poder del nombre de Jesús, estas maldiciones comenzarán a desaparecer. Ya no tienen autoridad para actuar en mi vida. Te ruego que la sangre de Jesús, derramada en la cruz por cada uno de mis pecados y los de mi familia, se aplique a la generación que pecó. Me despojo de esos pecados y maldiciones de mis antecesores. Satanás, en el nombre de Jesús, no tienes poder ni derecho legal para seguir atormentándome a mí, a mi familia, a mis hijos ni a las generaciones futuras. Padre, gracias por gobernar y reinar sobre mí. En cuanto a mí y a mi familia, ahora recibiremos las bendiciones del Señor y no las maldiciones, y también nos apropiaremos de la justicia que procede del Dios de nuestra salvación para las generaciones futuras. Amén.

(Parafraseado de Lamentaciones 5:7; Salmo 24:4-5;
1 Juan 1:9: Gálatas 3:13; Mateo 26:28).

POR LA BENDICIÓN SOBRE MI VIDA

Padre que estás en los cielos, vengo delante de ti porque reconozco que tú eres el Señor, mi Dios. Tu Palabra dice que si obedezco tu voz y cumplo tus mandamientos, las bendiciones serán derramadas sobre mí; seré bendecido en todo tiempo y lugar. Cuando los enemigos se levanten contra mí, el Señor los derrotará, no de una sola manera, sino en siete ocasiones. Por eso, Padre, te pido que bendigas la obra de mis manos para que prospere y tenga abundancia. Bendice mis relaciones familiares para que podamos amarnos, honrarnos, respetarnos correctamente unos a otros. Deseo que cada miembro de mi familia se dé cuenta del tremendo potencial que tiene en Dios. Deseo adorarte y amarte, proclamarte Señor de mi vida, mi familia y mi iglesia. Tu Palabra dice que si andamos en tus caminos, nos establecerás a mí y a mi familia como un pueblo santo para ti. Por eso, nos bendecirás en el lugar físico y espiritual que nos darás. También, cuando te adoremos y te alabemos, nos bendecirás con buena salud y tesoros. Declaro ante ti: «¡Digno es el Cordero, que ha sido sacrificado, de recibir el poder, la riqueza y la sabiduría, la fortaleza y la honra, la gloria y la alabanza!» (Apocalipsis 5:12). Amén.

(Parafraseado de Deuteronomio 28:1-14 y Apocalipsis 5:12).

PARA ADORAR A DIOS

Señor Jehová, Creador de los cielos y la tierra, Redentor, Señor de los Ejércitos, tú eres el Primero y el Último. Tú eres el Señor, y no hay otro; no hay Dios aparte de ti. El Señor reina sobre los cielos y la tierra. Él está vestido de majestad, y los cielos declaran su gloria; el firmamento muestra la obra de sus manos. La tierra y toda su plenitud son del Señor. El Señor es mi luz y mi salvación. Él es mi roca, mi fortaleza y mi libertador. Él es mi fuerza, mi escudo y mi refugio. Te exaltaremos, Dios nuestro, y bendeciremos tu nombre para siempre. Grande eres, Señor Jehová. Amén.

(Parafraseado de varios pasajes del libro de los Salmos).

POR LA UNCIÓN DE LAS PERSONAS QUE MINISTRAN CON LA SANIDAD

Padre que estás en los cielos, tú me has llamado y capacitado para proclamar la salvación y ministrar sanidad emocional y física a las personas que colocas en mi camino. Mi humilde deseo es que «el Espíritu del Señor [esté] sobre mí, por cuanto me ha ungido para anunciar buenas nuevas a los pobres. Me ha enviado a sanar a los corazones heridos, a proclamar liberación a los cautivos y libertad a los prisioneros, a pregonar el año del favor del Señor y el día de la venganza de nuestro Dios, a consolar a todos los que están de duelo, y a confortar a los dolientes de Sión. Me ha enviado a darle una corona en vez de cenizas, aceite de alegría en vez de luto, traje de fiesta en vez de espíritu de desaliento. Serán llamados robles de justicia, plantío del Señor, para mostrar su gloria». Te pido que me des fortaleza y sabiduría para ser tu siervo. Padre, gracias por la oportunidad de tener parte en la obra de tu reino. Bendito sea tu nombre. Amén.

(La cita es de Isaías 61:1-3).

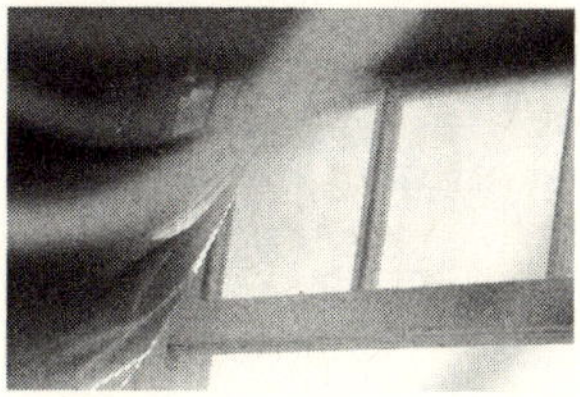

ANEXO B

ESTORBOS PARA LA SANIDAD DIVINA

«Si Dios continúa sanando, ¿por qué no se sanan todos?» Quizá esta sea la pregunta más frecuente en cuanto a la sanidad divina. A continuación se enumeran dieciocho problemas comunes, a los que yo denomino *estorbos*, que pueden impedir que la gente reciba la sanidad divina. Dado que vivimos en un mundo caído, hay muchos casos en los cuales simplemente no sabemos por qué la persona no se cura. Por esta razón, debemos ser sumamente cuidadosos al identificar estorbos en la vida de otras personas que impiden que se sanen. No obstante, entender cuáles son estos estorbos y eliminarlos puede ser clave para experimentar la sanidad divina en nuestras vidas.

Entre paréntesis se indica el capítulo o capítulos donde se trata cada estorbo (o los aspectos positivos relacionados con ellos).

1. Falta de oración por sanidad. (Capítulos 15 y 17)

2. Falta de perseverancia en la oración. (Capítulo 21)

3. Desconocimiento de cómo orar por la sanidad. (Capítulos 23 y 24)

4. Falta de fe del enfermo. (Capítulo 14)

5. Falta de fe de los que oran por el enfermo. (Capítulo 14)

6. Pecado en la vida del enfermo. (Capítulo 12)

7. Pecado en la vida de los que oran por el enfermo. (Capítulo 12)

8. Desconocimiento acerca de la autoridad espiritual. (Capítulo 16)

9. Falta de ejercicio de la autoridad espiritual. (Capítulo 16)

10. Desconocimiento de la Palabra. (Capítulo 24)

11. Falta de declaración de la Palabra. (Capítulo 24)

12. Falta de ayuno. (Capítulo 17)

13. Falta de participación fiel en la adoración, el tiempo devocional personal o la Cena del Señor. (Capítulo 13 y 22)

14. Estilo de vida perjudicial. (Capítulo 18)

15. Falta de visión de lo que el Padre está haciendo. (Capítulo 8)

16. Incapacidad de identificar la necesidad de sanidad interior. (Capítulo 11)

17. Incapacidad de identificar los espíritus de la familia. (Capítulo 20)

18. Incapacidad de identificar la actividad demoníaca. (Capítulo 19)

He identificado dieciocho estorbos, pero puede haber más. No obstante, esta lista no es una fórmula ni tampoco debe usarse como tal. Es simplemente una guía.

Comencé este libro declarando que no entiendo por completo el tema de la sanidad, y lo termino con el mismo humilde reconocimiento. De todos modos, hay ciertas cosas de las que sí estoy convencido, algunos imperativos indiscutibles que se aplican a la oración por la sanidad. En primer lugar, ama a las personas y nunca las condenes. En segundo lugar, ora por ellas. La sanidad ocurre con menos frecuencia cuando la gente ora poco al respecto. En tercer lugar, no juzgues. La lista de arriba nunca se debe emplear para denunciar estorbos. Es solo para reflexionar. En cuarto lugar, no te desalientes cuando no se produzcan sanidades. Alguien dijo: «No nos cansemos de hacer el bien». Sin duda, esto se aplica a la oración por la sanidad. En quinto lugar, no te sientas culpable cuando la sanidad que has pedido en oración no se produzca. Por último, no te condenes por no haber orado por otros en el pasado. Tienes el presente; utilízalo sabiamente.

Y ahora, que el Dios que te ama derrame su unción sobre ti para que, con amor y discernimiento, ores por los enfermos. Amén.

Disfrute de otras publicaciones de Editorial Vida

Desde 1946, Editorial Vida es fiel amiga del pueblo hispano a través de la mejor literatura evangélica. Editorial Vida publica libros prácticos y de sólidas doctrinas que enriquecen el caudal de conocimiento de sus lectores.

Nuestras Biblias de Estudio poseen características que ayudan al lector a crecer en el conocimiento de las Sagradas Escrituras y a comprenderlas mejor. Vida Nueva es el más completo y actualizado plan de estudio de Escuela Dominical y el mejor recurso educativo en español. Además, nuestra serie de grabaciones de alabanzas y adoración, Vida Music renueva su espíritu y llena su alma de gratitud a Dios.

En las siguientes páginas se describen otras excelentes publicaciones producidas especialmente para usted. Adquiera productos de Editorial Vida en su librería cristiana más cercana.

Nos agradaría recibir noticias suyas.
Por favor, envíe sus comentarios sobre este libro
a la dirección que aparece a continuación.
Muchas gracias.

Vida@zondervan.com
www.editorialvida.com

Una vida con propósito

Rick Warren, reconocido autor de *Una Iglesia con Propósito*, plantea ahora un nuevo reto al creyente que quiere alcanzar una vida victoriosa. La obra enfoca la edificación del individuo como parte integral del proceso formador del cuerpo de Cristo. Cada ser humano tiene algo que le inspira, motiva o impulsa a actuar a través de su existencia. Y eso es lo que usted podrá descubrir cuando lea las páginas de *Una vida con propósito*.

0-8297-3786-3